铁路工程维养系列教材

铁路桥梁维修与加固

TIELU QIAOLIANG
WEIXIU YU JIAGU

主　编　郭风琪

副主编　江力强　胡　壹

中南大学出版社
WWW.csupress.com.cn
·长沙·

前言

Foreword

我国铁路事业迅猛发展，特别是近 40 年来进行了大规模的建设。在铁路线路中，结构复杂、修建困难的桥梁是重要组成部分之一。桥梁在运营过程中，不可避免地会受到各种不利因素的影响，再加上结构本身的自然老化，在其使用周期内必然发生结构状态的退化，出现各种病害。此外，随着铁路运输的日益繁忙和列车轴重的提高，桥梁承载力也需要满足新的要求。为保障桥梁的安全运营，延长其使用寿命，需要加强日常管理和养护，并在检测评估的基础上，对那些承载力不足、使用性能较差、耐久性能不满足要求的结构和构件进行维修加固。可以预见的是，未来更长期更重要的工作是对铁路的管养和维修加固，该项工作必将日益受到重视。

本书共分 7 章。第 1 章总结了铁路桥梁的各种病害，说明了铁路桥梁建筑物维修工作的内容及重要性，介绍了铁路桥梁性能检定体系；第 2 章介绍了铁路桥梁维修加固的流程和基本原则；第 3 章讲述了铁路桥梁维修加固常用的建筑材料及其性能要求；第 4 章讲述了铁路桥梁地基与下部结构加固的常用方法、计算原理、构造要求等；第 5 章讲述了铁路桥梁上部结构维修加固的常用方法、计算原理、构造要求等；第 6 章讲述了铁路桥梁维修加固方法所使用的基本技术；第 7 章总结了铁路桥梁维修加固后的技术评价方法。

本书由中南大学郭风琪担任主编，中南大学江力强、中南林业科

1

技大学胡壹担任副主编。郭风琪确定各章节内容，制定全书大纲，并编写第 2 章、第 4 章、第 6 章、第 7 章，江力强编写第 3 章、第 5 章，胡壹编写第 1 章。感谢课题组研究生谭松、徐文捷、李梦瑶、王泽先、潘宇飞参与本书的资料查证和校对工作。

由于作者水平有限，书中难免有不足和错误之处，恳请读者批评指正。

作　者

2024 年 6 月

目 录

Contents

1

第 1 章

绪论

1.1 国内外桥梁发展概述

1.1.1 国内桥梁发展概述

中国桥梁的历史古远且辉煌。隋朝时,由杰出匠人李春主持修建的著名的赵州桥堪称中国古代桥梁的典范(图 1-1)。它全长 64.4 m,拱顶宽 9 m,拱脚宽 9.6 m,跨径 37.02 m,拱矢高 7.23 m。从整体看,它是一座单孔石拱桥,由 28 道石拱圈纵向并列砌筑而成。它是我国造桥史上的杰作,占有十分重要的历史地位,对全世界后代桥梁建筑有着深远的影响。卢沟桥于 1189 年开始筹建(图 1-2),到 1192 年才建成,算上两端的引桥,总长 266.5 m,桥面两侧有青石栏板 279 块,望柱 281 根,柱上雕刻着 489 个大小不同、神态各异的石狮子。此桥代表了我国古代科学技术成就。此外我国还有许多构造各异的古代桥梁,如伸臂式木梁桥——虹桥,四川都江堰市的竹索桥——珠浦桥,四川泸定县大渡河上的铁索桥——泸定桥。

图 1-1　赵州桥

图 1-2　卢沟桥

中国的桥梁曾处于世界领先地位，然而由于时代因素，近代以来中国桥梁技术发展逐渐落后。中华人民共和国成立以前的大型桥梁基本上是由外国建设的，如：济南黄河铁桥，德国造；郑州黄河铁桥，比利时造；蚌埠淮河大铁桥，英国造；哈尔滨松花江大桥，俄国造；沈阳浑河大桥，日本造。直到 20 世纪 30 年代，钱塘江大桥的建成填补了中国近代桥梁技术发展的空白。钱塘江大桥是浙江省杭州市境内的一座跨钱塘江的双层桁架梁桥（图 1-3），大桥全长 1453 m，分引桥和主桥两个部分，主桥 16 孔，桥墩 15 座；公路桥宽 9.14 m，铁路桥宽4.88 m，两侧人行道各 1.5 m；桥面上层为双向两车道公路，设计速度为 100 km/h，下层为单线轨道铁路，设计速度为 120 km/h；由中国桥梁专家茅以升主持全部结构设计，是中国自主设计、建造的第一座双层铁路、公路两用桥。

图 1-3　钱塘江大桥

中华人民共和国成立后，我国开始大力发展交通事业。长江第一桥——武汉长江大桥（图 1-4），建设于第一个五年计划期间，是在苏联专家的帮助下完成的。大桥主桥为三联 3×128 m 连续钢桁梁，上层为公路桥，下层为双线铁路桥，包括引桥在内，桥梁全长 1670 m。上层公路桥面宽 22.5 m，其中车行道 18 m，两侧各设 2.25 m 人行道。之后建设的南京长江大桥是我国工程师自主设计和施工的一座长江大桥（图 1-5）。大桥分上下两层，上层为公路桥，车行道宽 15 m，全长 4589 m，下层为双轨复线铁路桥，宽 14 m，全长 6772 m。大桥由主桥和引桥两部分组成，主桥九墩十跨，长 1576 m，最大跨度 160 m。

图 1-4　武汉长江大桥

图 1-5　南京长江大桥

　　改革开放以后，桥梁建设迎来了黄金时代。尤其是进入 20 世纪 90 年代以后，上海浦东进行开发，在黄浦江上建造了南浦大桥和杨浦大桥两座斜拉桥。南浦大桥主跨为 423 m，杨浦大桥主跨为 602 m。两座大桥的成功建造掀起了全国大规模建设桥梁的高潮。斜拉桥成功兴建之后，中国开始建造跨度更大的悬索桥。1994 年建成了跨度为 452 m 的汕头海湾大桥；香港在回归之前在林则徐销毁鸦片的地方建成了主跨 888 m 的广东虎门大桥。1999 年建成了中国第一座跨度超千米的悬索桥——江阴长江大桥。这一时期还建成了九江长江大桥和芜湖长江大桥，这都是我国桥梁建设的标志性成就。

　　进入 21 世纪，我国不仅建造了众多跨江跨河大桥，还建造了更加宏伟的跨海大桥。始建于 2002 年的东海大桥是连接上海芦潮港至浙江洋山深水港的一座特大型桥梁，全长 32.5 km，是我国第一座真正意义上的跨海大桥。杭州湾跨海大桥是浙江省境内连接嘉兴市和宁波市的跨海大桥，位于杭州湾海域之上，全长 36 km，于 2007 年完成桥梁合龙并全线贯通。舟山跨海大桥又名舟山大陆连岛工程，由一系列桥梁和道路组成，全长 48.16 km，是世界上规模最大的岛陆联络工程，主要工程包括岑港大桥、响礁门大桥、桃夭门大桥、西堠门大桥和金塘大桥，于 2009 年全部建成通车。胶州湾大桥于 2010 年建成，次年通车运营，全长 26.7 km，是山东省青岛市境内黄岛区、城阳区及李沧区等的跨海通道。2018 年建成的港珠澳大桥是中国境内一座连接香港、珠海和澳门的桥隧工程，位于中国广东省伶仃洋区域内，是目前世界上最长的跨海大桥。未来我国还会建成更多的跨海大桥以满足经济发展的需要。

1.1.2　国外桥梁发展概述

　　近代国外桥梁的发展主要在第二次世界大战以后。因二战期间，大量桥梁被破坏，战后桥梁重建工作繁多。预应力混凝土桥梁和斜拉桥梁开始崭露头角。1928 年，法国工程师弗雷西内经过 20 年的研究，用高强钢丝和混凝土制成预应力钢筋混凝土。这种材料，克服了钢筋混凝土易产生裂缝的缺点，使桥梁可以用悬臂安装法、顶推法施工。20 世纪 50 年代，林同炎对预应力进行了更深入的研究，创造了"预应力学说"理论体系。预应力理论的完善使预应力钢筋混凝土桥梁得到了飞速发展。同一时期，德国工程师 Dishinger 在 1938 年提出的现代斜拉桥设计构思得以实现。预应力钢筋混凝土桥梁与现代斜拉桥是二战后世界桥梁发展史上两个伟大的创新成就。

　　英国于 1966 年建成的 Sevem 桥采用流线型扁平钢箱桥面，用钢筋混凝土桥塔替代钢塔，诞生了新一代英国式悬索桥，并成为以后悬索桥结构形式的主流。风洞试验证明：这种流线型扁平钢箱桥面具有很好的气动性能，而且由于自重轻，不仅节省造价，又便于施工安装，得到了广泛推广。20 世纪 70 年代，瑞士著名工程师 Christian Menn 教授改进了斜拉桥和连续刚架桥。此后，随着桥梁建造技术不断发展，出现了更多新式的桥梁。例如坐落在日本神户市与淡路岛之间的明石海峡大桥(图 1-6)，采用了高强度钢丝、塔墩深水基础和钢桥塔减振技术。明石海峡大桥首次采用 1800 MPa 级超高强度钢丝，使主缆直径缩小并简化了连接构造；首创悬索桥主缆，这也是第一座用顶推法施工的跨谷悬索桥；由著名的法国埃菲尔集团公司承建，于 1998 年 4 月 5 日正式通车；总投资约 43 亿美元。明石海峡大桥创造了 21 世纪世界建桥史的新纪录。大桥按可以承受里氏 8.5 级强烈地震和抗 150 年一遇的 80 m/s 的暴风设计。明石海峡大桥在当时是世界上主跨最大的悬索桥，也是世界上主跨最大的桥梁。挪威的 Stolma 桥，是当时世界上主跨最大的预应力混凝土刚构桥。该桥于 1996 年 11 月开工，1998 年 11 月建成。全桥用钢 1850 t，混凝土用量 11500 m³，造价 1780 万美元。其宽度为 9 m，跨径为 94 m + 301 m + 72 m，首次将混凝土梁式桥的跨径突破 300 m。法国米洛高架桥（图 1-7）采用斜拉桥设计，横跨法国西南部塔恩河河谷，2 km 长的大桥由七座钢筋混凝土桥墩支撑，再辅之以斜拉索机构。七座桥墩高度从 77 m 到 240 m 不等，桥面用的是特制的钢结构，以减轻大桥重量。这座桥在完工通车后成为当时全世界最高的桥，其七座桥墩中的二号墩高度达 343 m（包含桥塔高度在内），比法国著名的埃菲尔铁塔还要高，并且超越原本的世界冠军——美国科罗拉多州的皇家峡谷大桥而成为世界第一。除此之外它比欧洲原本第一高的桥梁——奥地利的欧罗巴大桥足足高出一倍。这座堪称奇迹的大桥仅设计方案就经过了 10 年的精心准备。为了保证精确性，大桥建设运用了当时最先进的卫星定位系统。桥墩中浇筑了 300 多个小型精密反光镜（感应装置），在施工中桥墩每升高 4 m，专家就可以通过卫星定位系统接收感应装置的信号来纠正偏差，能将误差控制在 5 mm 以内。大桥在建成后就成为米约的地标建筑，每年吸引约 100 万名游客，被称为世界最美大桥。

图 1-6　明石海峡大桥

图 1-7　米洛高架桥

1.2　国内外铁路桥梁发展状况

　　1804 年，世界上第一条铁路诞生了。铁路自诞生以来，至今已有两百多年历史。铁路在人类近代工业化历程上有着重要作用。一条条通向远方的钢铁线路，以其惊人的运输能力，成为世界各大工业国输送资源的重器，深刻影响着世界政治经济格局。随着铁路的发展，铁路机械的技术含量和复杂程度日益提高，形成了年产值惊人的庞大工业体系。铁路以其优越的性能夺得了世界运输行业的桂冠，以致成为各工业大国炫耀技术实力的国家名片。

　　1789 年，英国土木工程师威廉·杰索普（William Josias）设计出了一种凸型铁轨以及外轮缘凸出的铸铁车轮，在拉夫堡—莱斯特的马拉铁路上得到应用。这就是现代铁路的雏形。1804 年 2 月，英国人理查·特里维西克（Richard Trevithick）成功制作了世界第一台蒸汽火车（图 1-8），从此人类迈入铁路时代。

图 1-8　蒸汽火车

　　随着科学技术的飞速发展，人类社会对铁路运输能力的要求越来越高，列车速度也在不断提高。20 世纪 50 年代初，法国首先提出了高速列车的设想，并最早开始试验工作。1964 年，日本建成了连接东京与新大阪之间的东海道新干线，成为世界上第一条运营的高速铁路系统。新干线的列车速度为 270～300 km/h，并曾创造过 443 km/h 的试验纪录（1996 年）。1971 年，德国开始建设汉诺威—维尔茨堡高速铁路并于 1991 年通车，列车运行速度为 280 km/h。1976 年，用电力机车牵引的高速列车在英国投入运行，其最高速度达 200 km/h。1981 年，采用流线型设计的铰接式高速列车 TGV(train grande vitesse)在法国的巴黎—里昂干线正式投入使用。2007 年 4 月 3 日，TGV 列车在试验中创造了 574.8 km/h 的轮轨式列车世界纪录。此外，西班牙、瑞典、比利时、韩国、意大利等国家也先后建成了高速铁路。

　　中华人民共和国自成立以来，大力发展铁路事业。1978 年以后，中国组织了"南攻衡广，北战大秦，中取华东""强攻京九、兰新，速战宝中、侯月，再取华东、西南""决战西南，强攻煤运，建设高速，拓展路网、突破七万"等一系列大规模铁路建设。2012 年，中国铁路开始从传统铁路向高速铁路快速发展，突破了一批技术难题。技术自主创新与吸收国外先进技术相结合，成功研制了时速 350 km 的"复兴号"高速动车组。2019 年，京张高铁在世界上首次实现了自动驾驶，并启动了时速 400 km 的新型动车组的开发。目前，中国已全面掌握复杂环境下线路建设、复杂地质条件下隧道设计、深水大跨度桥梁设计施工等技术，建成了在热带、寒带、强风、沙漠、冻土等不同气候地质条件下的高铁线路。

　　截至 2022 年末，全国铁路营业里程为 15.5 万 km(图 1-9)，其中高铁营业里程 4.2 万 km。投产新线 4100 km，其中高铁 2082 km。铁路复线率为 59.6%，电化率为 73.8%。全国铁路路网密度 161.1 km/万 km^2，比上年末增加 4.4 km/万 km^2。

　　如今的中国高铁无论是从规模还是技术层面，都处于全球领先水平，中国高铁已经成为国家名片，走向世界。中国铁路技术由引进与吸收转变为自主创新、技术输出，见证了百年来中华民族的奋斗历程。

　　桥梁是铁路交通中十分重要的建筑物，是构建铁路的重要基础设施工程之一。桥梁技术

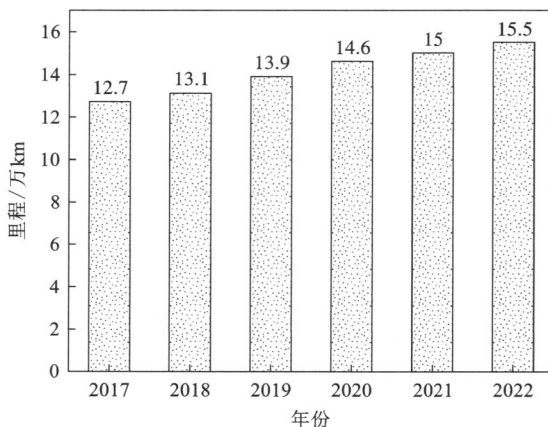

图 1-9　2017—2022 年全国铁路营业里程

也是铁路建设的关键技术。桥梁在整个铁路交通固定资产中占很大比重。随着我国铁路建设事业的飞速发展，桥梁在铁路中的占比越来越高，如：雄商高铁桥梁占比约为 94%；潍烟高铁桥梁占比为 71.5%；津潍高铁桥梁 322 km，隧道 6.7 km，桥隧比为 94%；济滨高铁桥梁占比为 91%；莱荣高铁桥梁占比为 78.3%；济莱高铁桥梁占比为 77.44%。截至 2021 年底，铁路桥梁总数约 9.2 万座，累计长度 3.1 万 km；作为高铁"皇冠"的高速铁路桥梁正处于建设大发展时期，累计长度 1.9 万 km。

1.3　桥梁安全事故

　　桥梁如果长期处在列车动荷载的作用下，加上材料老化、环境劣化及自然灾害等因素的联合作用，其结构内部和表面就会出现各种损伤，从而导致结构和系统的抗力衰减，影响桥梁的正常使用。在出现这些损伤后如果不及时进行维修养护，任其发展，必然会给桥梁结构带来安全隐患。在运营铁路线上，如果发生桥梁损坏，修复起来比较困难，会导致列车减速慢行，甚至中断行车。

　　随着社会经济和交通运输的快速发展，过去修建的桥梁承受着相当大的交通负荷。由于历史原因，如桥梁建设时资金短缺、设计荷载和泄洪标准低、技术力量不足、施工管理粗放、设计和施工技术水平差、设备和材料的限制等，所建造的桥梁或多或少存在缺陷。桥梁投入运营后，由于车辆行驶速度、荷载、行车密度的影响，旧桥难以满足日益增加的交通量的要求。在运营管理方面，也存在技术水平落后、长期忽视管理养护体系建设、管理养护成本不足、对桥梁的技术状况没有进行及时细致的观察和掌握等问题。在多年的寒冬酷暑、日晒雨淋、洪水车船冲击等的作用下，许多桥梁出现了各种大大小小的病害，如桥面损伤、栏杆断裂、伸缩缝损伤、梁板或拱裂缝、梁混凝土剥落、钢索锈蚀、钢结构裂缝锈蚀、桥墩断裂移位、挡土墙倾斜错位、锥体边坡垮塌、桥墩基座侵蚀等。桥头路基塌陷、河床防护倾覆和河道侵蚀严重也改变和危害桥头路基，影响桥梁的正常使用。这些不良状态，除了大大缩短桥梁的使用寿命外，还威胁到过往人员和车辆的安全，成为危险桥梁，甚至发生桥梁倒塌等重大事故。

随着我国铁路事业的飞速发展，桥梁作为构建铁路的重要基础设施工程之一，其重要性也与日俱增，在交通运输中发挥着举足轻重的作用。同时，桥梁这种大多用于跨越江河湖海、深谷绝壁的特殊结构一旦发生安全事故，后果不堪设想。在桥梁发展史上，不乏这种悲剧发生，给人们留下了惨痛的教训。

1.3.1 腐蚀老化与缺乏维护导致的桥梁事故

腐蚀老化是设备与构件的重要破坏形式之一，常导致设备早期失效或意外事故，造成巨大损失。1967 年 12 月 15 日，美国连接佛罗里达州波因特普莱森特与俄亥俄州的 Kanauga 吊桥发生坍塌，历时 39 年的高负荷运作，使得该桥在俄亥俄州这边的一个链环因不堪重负而断裂，造成至少 46 人死亡。2001 年 3 月 4 日，由于年久失修，葡萄牙北部的 Hintze-Ribeiro 大桥发生坍塌，造成 59 人死亡。2017 年 12 月 2 日，位于捷克共和国布拉格的 Troja 简易悬索混凝土桥因悬索腐蚀损坏而完全垮塌，致使 4 人受伤，其中 2 人重伤。2018 年 8 月 14 日，由于设计缺陷和斜拉索老化，意大利莫兰迪大桥发生垮塌(图 1-10)，43 人遇难。2019 年 10 月 1 日，中国的南方澳大桥因腐蚀(图 1-11)、缺乏适当维护而发生垮塌，导致 6 人死亡、12 人受伤。2022 年 1 月 28 日，位于美国宾夕法尼亚州匹兹堡福布斯大道的峡谷大桥同样由于腐蚀，上部建筑完全倒塌，造成 10 人受伤。

图 1-10　莫兰迪大桥事故

图 1-11　南方澳大桥事故

1.3.2 设计缺陷与施工错误导致的桥梁事故

1907 年 8 月，加拿大魁北克大桥由于设计上的缺陷，桥体实际承载量远低于设计承载量，其钢桁梁杆件被破坏。1916 年 11 月 11 日，该桥再次破坏，梁体坠落于河中，累计造成死亡 95 人(图 1-12)。

图 1-12　魁北克大桥事故

　　1940 年 11 月 7 日，位于塔科马海峡吊峡的塔科马大桥发生了坍塌。该桥于 1938 年开始修建，1940 年 7 月 1 日建成通车；桥长 1810 m，宽 12 m，当时为仅次于金门大桥和乔治华盛顿大桥的世界上第三大悬索桥，仅投资就高达 640 万美元。该桥从建成到坍塌仅历时四个月，而坍塌原因是 19 m/s 的风。该事故促使了风洞试验在桥梁设计中的广泛应用。1970 年 10 月 15 日，澳大利亚墨尔本西门桥在施工时，工人为消除其箱形梁上翼板已有的波形屈曲而过多地拆卸翼板上横向拼接的高强度螺栓，使翼板压应力分布严重不匀，以致压溃，造成 36 人死亡。广东省韶关市坪乳公路白桥坑大桥在施工过程中突然坍塌，造成 32 人死亡、59 人受伤。1999 年 1 月 4 日晚 6 时 50 分，贯通綦河东西城区的綦江县人行彩虹桥发生整体垮塌，造成 40 人死亡（其中包括 18 名武警战士），轻重伤 14 人，此时该桥仅使用了 2 年零 322 天，事故调查发现桥梁在修建过程中存在大量设计施工错误。2016 年 1 月 10 日，加拿大安大略省的尼皮贡河大桥由于设计和施工错误，承升轴承固定在桥梁主梁上的螺栓被折断，导致桥西侧与桥台分离且高出地面 60 cm，该桥梁在使用仅 42 天后就不得不暂停使用并进行修缮。2022 年 8 月 15 日挪威的特雷滕桥由于设计不合理，砌块剪切失效，从而发生垮塌。

1.3.3　自然灾害与意外事故导致的桥梁事故

　　2007 年 6 月 15 日凌晨 5 时 10 分，一艘佛山籍运沙船偏离主航道航行撞击九江大桥，导致桥面坍塌约 200 m，造成 9 人死亡，这就是震惊中外的"九江大桥 6·15 船撞桥断事故"，也称为"九江大桥事故"（图 1-13）。2018 年 6 月 30 日，罗马尼亚的布拉索夫县一座铁路桥因洪水冲刷而坍塌。2022 年 9 月 28 日，美国佛罗里达州的 Sanibel 混凝土桥因飓风"伊恩"而倒塌。2024 年 3 月 26 日，美国马里兰州的 Francis Scott Key 桥被一艘集装箱船撞击到支撑柱（图 1-14），导致桥梁主跨完全坍塌，这次事故造成 6 人死亡、1 人受伤。

图 1-13　九江大桥事故

图 1-14　Francis Scott Key 桥事故

1.3.4　超载导致的桥梁事故

2012 年 8 月 24 日 5 时 30 分左右，哈尔滨机场高速江南往江北方向、即将进入阳明滩大桥主桥的最后一段被 4 辆重载货车压塌(图 1-15)，4 辆货车冲下桥梁，造成 3 人死亡、5 人受伤。2019 年 1 月 30 日，美国阿肯色州的 Dale Bend 桥因卡车超重行驶而坍塌。2019 年 10 月 10 日，我国江苏省无锡市国道 312 号立交桥由于运输车辆严重超载(达 186 t)，200 m 高架路段倒塌，造成 3 人死亡、2 人受伤。2020 年 7 月 7 日，加拿大的 Tittle 桥同样因卡车超重而坍塌，造成 1 人受伤。

图 1-15　阳明滩大桥事故

1.4　桥梁维修加固工作的内容及重要性

1.4.1　我国现有桥梁病害情况

　　我国现有桥梁大部分修建于 20 世纪 70 年代之前，由于当时技术落后、资金不足及工期紧张等多重因素，这些桥梁大多技术标准偏低、工程质量较差，无法适应如今日益增长的交通量，从而加快了老化进程，成为危桥。中华人民共和国成立初期至改革开放前的几十年中修建的桥梁约 24 万座，大部分建造标准低且已年久失修，不能满足现代交通的需求。

　　改革开放以来，尤其是 20 世纪 90 年代以来，我国桥梁迎来大建设大发展时期，大桥、特大桥快速增加。与此同时，桥梁垮塌事故也时有发生。现代大桥结构宏伟、跨江越海、荷载巨大，如果因质量问题出现垮塌，其结果可想而知。相关统计显示，2007—2012 年，我国有 37 座桥梁垮塌，造成 180 多人丧生。这些垮塌桥梁中，近六成为 1994 年之后建设，桥龄还不到 20 年。与此同时，经过 30 多年桥梁大发展，步入维修期的桥梁数量日益增多。据不完全统计，目前我国路网中在役桥梁约 40% 服役超过 20 年，技术等级为三、四类的带病桥梁达 30%，超过 10 万座桥梁为危桥，安全隐患不容忽视。就大桥、特大桥而言，从近年来建成通车的桥梁来看，它们的工程造价越来越高，有人工、材料上涨因素，也有桥型选择追求"长、大、高、特"等因素，而很多桥梁的质量并没有与工程造价的增长成正比，有些桥梁建成没多久就需要大修，有些桥梁通车几年就要重新进行桥面铺装。此外，在庞大的道路交通体系中承担重任的中小桥梁，面临材料劣化、地基沉降等渐变型风险，以及车船撞击、车辆超载、地质灾害等突发型风险，也存在一定的安全隐患。

1.4.2　桥梁病害主要种类

　　桥梁病害是桥梁在使用过程中不可避免的问题，也是影响桥梁安全性和使用寿命的重要因素。因此，对桥梁病害进行分类，并针对不同病害采取相应的治理措施是保障桥梁安全和延长使用寿命的关键。桥梁病害通常分为三类，即结构病害、材料病害及地基病害。

1. 结构病害

　　结构病害是桥梁常见的病害之一，其主要原因是桥梁在使用过程中受到外部荷载作用和环境因素影响，如气候、自然灾害等。常见的结构病害包括裂缝、变形、断裂等。

2. 材料病害

　　材料病害的主要原因是材料自身存在的固有缺陷或材料老化、劣化等。混凝土结构碳化、钢筋锈蚀、金属疲劳等均为常见的材料病害。

3. 地基病害

　　地基病害主要是指桥梁基础所在地基发生沉降、滑移、坍塌等所导致的损伤或破坏。该病害通常会导致桥梁变形、裂缝等问题，严重时甚至可能引起桥梁崩塌。

　　桥梁坍塌是桥梁损伤的一种极端情况，是桥梁损伤持续累积的结果。为了避免桥梁坍塌事件的发生，有必要防止损伤持续累积，并尽快对桥梁进行定期检查、评估和加固。惨痛的教训使人们认识到，桥梁安全不仅是施工过程中的质量控制问题，而且是全社会关注的重大问题。在交通施工中，既要实现桥梁施工的目标——安全、畅通、高效、低成本，又要加强对已建成桥梁的日常管理和维护，预防病害的发生。在使用期内，应及时治理缺陷，加固养护，保证其连续安全运行，保证桥梁结构在施工、投入使用、最终完成其全寿命期内的任务，保证结构、运行荷载和人员的安全，以合理的经济成本保持桥梁的服务水平和通行能力，从而满足持续增长的通行需要。

1.4.3　桥梁维修加固的工作内容

　　桥梁维修加固包括养护维修与加固两个方面。

1. 桥梁养护维修

　　桥梁养护维修主要包括以下内容。
　　(1)桥梁构造物的小修小养。要求如下：
　　①保持构造物表面的清洁完整，防止表面风化并及时处理风化部分。
　　②保持排水设备的良好状态，除掉排水管中堵塞的泥土，防止砌缝砂浆漏水及修理侵蚀部分。
　　③经常检查各部分有无病害发生。当发现圬工上有裂缝、小洞、剥落、缺角、钢筋外露等局部缺陷或表面损伤时，必须及时修理。
　　④保证伸缩缝装置能够自由活动，清除影响支座活动的障碍物。
　　⑤对木桥进行防腐，对钢梁涂防锈油漆等。
　　(2)对桥梁结构物进行定期检查，并检验其实际承载力，确定其损坏的程度。
　　(3)超重、超限车辆不得随意经过现有桥梁，必须经过铁路管理部门的许可。
　　(4)对原有桥梁技术资料进行管理，建立和保存桥梁档案资料。

2. 桥梁加固

　　桥梁加固是一个复杂的工程，需经过多个步骤和程序才能完成，应严格遵循设计要求和标准，确保加固工程顺利完成并达到预期效果。同时，需注意施工安全和环境保护等方面的问题，确保加固工程顺利进行。具体桥梁加固流程在第二章有详细介绍。

1.4.4　桥梁维修加固的重要性与原则

1. 桥梁维修加固的重要性

　　在桥梁运营期间，受长期使用和气候等因素的影响，许多桥梁的结构状况恶化，承载力降低，存在安全隐患。为保障桥梁的结构安全和交通畅通，必须对桥梁进行维修加固。采用先进的维修加固技术和材料，可大幅提升桥梁的结构稳定性和承载力，使其能够满足日益增长的运输需求，保障铁路交通的安全性。同时，桥梁维修加固还能延长桥梁使用寿命，减少对环境的影响，降低铁路事故发生率，对中国的经济、社会和环境发展具有重要意义。因此，桥梁维修加固十分必要，是铁路运输发展的重要保障措施。

2. 桥梁加固的原则

桥梁加固是指在保证原有桥梁基本结构不变的前提下，采用加固材料和相关施工技术提升桥梁的承载力和使用寿命。为保证加固效果，需遵循以下桥梁加固原则：

（1）结构安全性原则。桥梁加固过程须保证桥梁结构安全，不得破坏原有结构的完整性，同时加固后的结构应具有更好的安全性能。

（2）功能恢复原则。桥梁加固后应保证原有功能得到恢复，即加固后的桥梁能满足设计要求，并承担原有的交通运输任务。

（3）技术先进性原则。桥梁加固过程中应采用先进的加固技术和材料，提升桥梁的承载力，延长使用寿命。

（4）经济效益原则。桥梁加固过程中应充分考虑经济效益，选择经济合理的加固方案，以达到最优的经济效益和社会效益。

（5）可操作性原则。桥梁加固方案应具备可行性和可操作性，使得加固施工过程中能达到预期效果。

1.5　铁路桥梁性能检定

铁路桥梁性能检定是一个综合审查的问题，涉及桥梁资料的检查与研究、桥梁现状的检查及桥梁荷载检算等多个方面，并由此对桥梁的安全可靠性做出准确判断。对于既有铁路桥梁，应检算其承载力和抗洪能力，测试评定其各项性能能否胜任现有工作，据以制定运用对策。对于无法通过检定的桥梁，应及时进行维修与加固工作，以便在保障行车安全和结构安全的基础上，能够充分发挥设备潜能，节约资金。由此可见，铁路旧桥的定期检定是非常有必要且十分重要的一项工作。

1.5.1　桥梁资料检查

依据《铁路桥梁检定规范》（铁运函〔2004〕120号）相关规定，检查桥梁应先收集、掌握并研究桥梁的各项资料（表1-1）。

表1-1　桥梁资料

桥梁概况 及历史	1）桥梁所在线别、里程、区间、桥梁全长、桥上线路数、线路曲线半径、桥面坡度等； 2）河名、河道的历史变迁、河流通航情况； 3）梁部结构形式及材质、孔数、跨度； 4）墩台式样及材质、基础类型、埋置深度、河床地质； 5）桥梁建造年代； 6）桥梁发生损伤、破坏、事故、水害等及其抢修、修复、防护加固情况； 7）建造及修复时所依据的规程和标准（包括活载、洪水频率、地震烈度等）； 8）桥梁上当前运行的机车、车辆类型、牵引吨数、列车对数及其历史发展情况

续表1-1

技术资料	1）修建及历次大修加固的设计资料、竣工图纸、成品梁出厂合格证明书(包括预应力钢筋的张拉控制吨位)； 2）各项试验(包括高强螺栓扭矩系数，摩擦板抗滑移系数，碱集料反应)、施工记录(包括大桥支座安装温度、拱桥合龙温度、应力调整)及验收总结等资料； 3）历次检定报告(包括结构检算、孔径及冲刷检算、结构试验等报告)及定期检查资料； 4）建桥前后的水文、地质及桥址上下游水库及其他建筑物资料； 5）有关照片、录像带、光盘； 6）公铁两用桥需同时收集公路方面的有关资料

1.5.2 桥梁现状检查

在收集完表1-1中所述资料后，对收集的技术资料应到现场核实，进行必要的修改与补充。对桥上恒载变化(增设砂、水箱，加厚道床，换混凝土轨枕，增设挡碴板，增设或加宽人行道；增设水、电、通信路电气化接触网塔架等)在检算时应予计及。

为了综合判断桥梁状态变化及其对安全的影响，须定期进行下述测量工作：

(1)测量主梁纵断面及平面，以判断梁拱度有无变化及有无横向变形。

(2)测量动载挠度，以检验梁竖向刚度是否符合要求。

(3)测量梁跨横向振幅，以检验梁横向刚度是否符合要求。

(4)测量各墩台顶面标高及平面位置，以判断墩台有无倾斜、滑动、下沉或冻起等现象。

(5)测量河床纵横断面及桥址地形(包括调查各种水位)，以分析河道变迁及河床有无冲刷、淤积等。

(6)检查建筑限界。

(7)检查桥面，重点检查桥上线路是否符合养护标准，特别注意钢轨接头位置、轨缝、线桥中心线的偏差。

《铁路桥梁检定规范》(铁运函〔2004〕120号)对不同桥梁结构的具体检查要点规范做了详细规定，具体细则见表1-2。

表1-2 铁路桥梁检查要点规范

3.2.4[①] 钢结构的检查要点	1)核对原有结构图纸，应注意丈量主要尺寸、杆件断面及拼接部分； 2)检查杆件有无裂纹、穿孔、硬弯、歪扭、爆皮及材料夹层等，特别注意下列部位有无裂纹发生： (1)主桁斜杆、吊杆与节点板连接的第一、二排铆钉处； (2)由于损伤造成杆件断面削弱处； (3)杆件或连接应力集中处； (4)板梁(纵梁)上翼缘严重锈蚀处； (5)无盖板的纵梁上翼缘角钢水平肢；

注：①为《铁路桥梁检定规范》(铁运函〔2004〕120号)中的条款。下同。

续表 1-2

3.2.4 钢结构的检查要点	（6）纵梁腹板的斜裂纹； （7）纵梁与横梁的连接角钢； （8）主梁间纵向联结系的连接处。 3）检查结构有无不良情况： （1）杆件截面材料布置不当，使部分截面不能充分发挥作用； （2）主梁平面内及平面外的偏心连接； （3）拉、压杆件长细比过大或分肢间连接薄弱； （4）桥门架刚度较差； （5）上承板梁及纵梁上翼缘无盖板或上翼缘角钢厚度不足； （6）铆钉间距或边距超过规范规定； （7）上承板梁或纵梁的横向联结系结构不合理或间距超过 6 m； （8）跨度大于 10 m 的板梁用平板支座； （9）跨度大于 16 m 的上承板梁未设下平面纵向联结系； （10）跨度大于 48 m 的桁梁无制动联结系； （11）跨度大于 80 m 的桁架的纵梁未设纵向活动支承。 4）检查杆件平直度： 压力杆件弯曲矢度大于杆件计算长度的 1/1000，拉力杆件的弯曲矢度大于杆件计算长度 1/500 时，均应在检算中考虑弯曲变形影响。 5）铆钉检查应特别注意下列部位： （1）主桁斜杆、吊杆与弦杆节点连接处； （2）纵梁与横梁或横梁与主桁联结角钢处； （3）纵梁或上承板梁上翼缘角钢的垂直肢； （4）联结系斜杆的交叉处。 6）在容易积水、积尘部位，杆件密集，间隙小，通风不良处所，应特别注意检查有无锈蚀情况，在检算时应计及其截面削弱的影响
3.2.5 栓焊梁、全焊梁的检查要点	1）纵横梁及主横梁连接处的母材、焊缝、高强度螺栓； 2）受拉及受反复应力杆件的节点和联结系的高强度螺栓； 3）高强度螺栓的检查应结合查阅螺栓摩擦副和板层抗滑移系数的施工试验资料，检查高强度螺栓的预紧力及其有无松扣、断裂、锈蚀等情况，板层有无滑移及梁拱度的变化情况； 4）对接焊缝； 5）受拉及受反复应力的杆件上的焊缝及邻近焊缝的热影响区； 6）杆件断面变化处的焊缝； 7）联结系节点及焊缝； 8）加劲肋、横隔板及盖板处的焊缝； 9）加劲肋未顶紧上下盖板时，腹板的加劲肋两端焊缝处； 10）工地手工焊及气割部位； 11）第 3.2.4 条一般钢结构的检查内容

续表1-2

3.2.6　钢筋混凝土梁、预应力混凝土梁及拱桥的检查要点	1)混凝土结构应检查在建造和运营期间产生的裂纹，混凝土破损，中性化，保护层剥落、蜂窝、冻融、钢筋锈蚀或盐腐蚀、防水层失效、泄水孔附近混凝土腐蚀等病害； 2)钢筋混凝土梁应重点检查宽度超过 0.2 mm 的竖向裂纹，并注意检查有无斜向裂纹和沿主筋方向的纵向裂纹； 3)预应力混凝土梁要测量上拱度的变化，要特别注意腹板上有无竖向裂缝，以及沿预应力筋方向的裂纹和道碴槽面板与腹板交界处的纵向裂纹； 4)主梁间横隔板有无裂缝； 5)观察有否因碱集料反应自裂缝口渗出的凝胶状物质(碱硅胶)； 6)枕底道碴厚度不足或超厚； 7)拱桥应检查拱轴线坐标(与设计及竣工图对照)及主拱圈平面偏移情况； 8)建造在非岩石地基上的拱桥，必须在拱桥墩台设立观测标点，定期观测墩台基础沉降变位情况； 9)检查主拱圈断面尺寸及拱肋间横向联系，主拱圈风化、剥落、破损、裂缝、渗漏及主筋锈蚀等； 10)检查拱上建筑出现的裂缝、损伤
3.2.7　结合梁的检查要点	1)钢与混凝土结合面有否错位、渗浆； 2)第 3.2.4 条、第 3.2.5 条和第 3.2.6 条的有关检查内容
3.2.8　型钢混凝土梁的检查要点	1)梁的上拱度变化情况； 2)检查混凝土部分的破损、剥落、裂缝及钢筋锈蚀等情况； 3)下翼缘钢板积尘及锈蚀等情况； 4)第 3.2.6 条的各项检查内容
3.2.9　框构桥的检查要点	1)跨越公路的框构桥，应检查是否满足公路限界要求，检查顶板的底部及侧墙被公路机动车辆强行通过时的擦痕； 2)检查引道及框构侧墙的竖向和横向裂纹； 3)观测框构下沉变形情况； 4)检查侧墙渗漏水情况，并查清水源； 5)路面排水设施的工作状态是否正常； 6)第 3.2.6 条的各项检查内容
3.2.10　斜拉桥的检查要点	1)检查斜拉索两端锚固构件及其阻尼装置的完好性； 2)斜拉索的防护材料的有效性； 3)定期测定缆索索力的变化； 4)定期测量主梁的上拱度及跨中挠度； 5)定期测量索塔的纵向和横向位移和振幅； 6)观察斜拉索的颤振状况，检验其减振装置是否正常工作； 7)第 3.2.4 条、第 3.2.5 条和第 3.2.6 条的有关检查内容
3.2.11　大跨度连续钢梁或预应力混凝土连续梁和刚构桥的检查要点	1)墩台是否有不均匀下沉现象； 2)梁底和侧面是否有裂纹产生； 3)长跨连续梁活动伸缩装置的工作状况； 4)第 3.2.4 条、第 3.2.5 条和第 3.2.6 条的有关检查内容

续表1-2

3.2.12 桥梁支座检查要点	1)检查支座各部分相互位置是否正确,活动支座是否灵活,其实际位移量是否正常,特别注意各部螺栓是否有折损; 2)平板支座、弧形支座的上下座板有无变形及受力不均现象; 3)摇轴支座应定期量测其倾斜度; 4)辊轴支座的上下板滚动面有无凹痕,辊轴连杆螺栓是否完好,辊轴之间是否同步,削扁辊轴应定期量测其倾斜度; 5)板式橡胶支座有无横向限位装置,有无不正常的剪切外鼓变形; 6)盆式橡胶支座有无钢件裂纹、脱焊、锈蚀,特别要检查聚四氟乙烯板的磨损程度和活动面的洁净程度,密封圈的密封性以及位移转角超限情况,防尘围板或防尘罩是否有效; 7)柔性墩上的固定支座要观测有无变形,活动支座要检查其变位是否与温度变化相符,倾斜角度是否在容许限度内; 8)大跨度钢梁的纵梁纵向活动支承的工作状况; 9)各型支座的上板与梁底、下板与支承垫石间是否密贴,支承垫石有无积水、翻浆和破损,梁跨两端四支座有无三支点现象
3.2.13 墩台及基础检查要点	1)检查混凝土墩(台)身的水平和竖向裂纹,石砌墩台砌体裂纹和砌缝开裂、墩台身腐蚀、剥落和断裂,墩帽纵向裂纹,镶面材料损坏等; 2)量测墩台有否倾斜、滑动、沉陷、冻起等变位; 3)高纬度严寒地区,应特别注意冻融循环对墩台及基础混凝土的破坏作用; 4)列车通过时,如发现墩(台)摇晃较大或有其他异状,应检查墩(台)身及基础有无严重病害或考查墩台结构型式的适用性; 5)高桥墩应观测列车通过时墩顶纵向及横向动位移,观测由于阳光偏晒引起的墩顶横向位移; 6)柔性墩应检查有无因弯矩产生的水平裂纹和扭矩产生的斜裂纹,并检查支座状态,定期测量墩顶位移,注意桥上线路有无异常; 7)空心桥墩应测定内外温度差,注意是否因温度出现裂纹并测定墩顶位移和检查因进水造成冻胀裂损; 8)对双柱式轻型墩应特别注意其墩顶横向位移与振幅; 9)检查扩大、沉井基础及桩基承台的侵蚀、剥落和空穴,桩基的腐蚀、断裂
3.2.14 桥梁水文检查要点	1)调查洪水流量、流速、流向、水位以及通航、流筏情况,了解桥梁渡洪情况; 2)调查墩台、护锥及台后路堤边坡的冲刷情况及防护建筑物的设置和作用; 3)调查河道变迁,以及河流调治建筑物的设置是否合理; 4)调查上下游水库的设计标准、库容、堤坝高程、下泄口门位置、溢洪道位置和溢洪流量,了解是否为病险水库; 5)调查改河、新开灌溉渠道以及在河道中采砂、建房、种地等人为活动对河流和桥梁的影响

1.5.3　桥梁荷载检算

在检定既有桥梁时，应根据桥梁结构特性，参照《铁路桥梁检定规范》(铁运函〔2004〕120 号)所列荷载的可能最不利组合进行检算(表 1-3)。

表 1-3　桥梁荷载

荷载分类		荷载名称
主力	恒载	结构自重 预加应力 混凝土收缩及徐变的影响 土压力 静水压力与浮力 基础变位的影响
	活载	列车竖向静活载 公路竖向静活载 离心力 列车竖向动力作用 公路竖向动力作用 列车活载所产生的土压力 人行道荷载 长钢轨纵向力
附加力		制动力或牵引力 风力 列车横向摇摆力 流水压力 冰压力 温度变化的影响 冻胀力
特殊荷载		断轨力 船只或排筏撞击力 汽车撞墩力 地震力 长大货物车荷载

注：1. 如杆件的主要用途为承受某种附加力，则在计算此杆件时，该附加力应按主力考虑。

　　2. 列车横向摇摆力不与离心力、风力同时计算。

　　3. 流水压力不与冰压力同时计算，两者也不与制动力或牵引力同时计算。当水流方向与桥轴的法线的斜交角较大时，考虑流水压力或冰压力顺桥轴方向的分力与制动力或牵引力同时计算。

　　4. 特殊荷载(除地震力)不与其他附加力同时计算。

　　5. 地震力与其他荷载的组合见《铁路工程抗震设计规范》(GB 50111—2006)。

根据桥梁结构的不同，其检算方法也有差异，具体检算方法可参照《铁路桥梁检定规范》（铁运函〔2004〕120号）。表1-4为桥梁检算结构分类。

表1-4　桥梁检算结构分类

检算结构分类	钢结构检算
	结合梁、型钢混凝土梁、拱桥、支座及曲线桥梁检算
	钢筋混凝土、预应力混凝土、混凝土及砌体结构检算
	墩台、地基及基础检算
	桥梁孔径与冲刷检算
	长大货物车过桥对策检算

铁路是国民经济大动脉，铁路桥梁作为其至关重要的组成部分，在促进社会发展、服务经济建设中也是不可或缺的一环。如果由于桥梁事故，铁路通行中断，会对客运通行造成巨大负担，影响范围之大，可至数省甚至全国，因此铁路桥梁在设计施工及承载计算时会偏向保守。确保铁路桥梁安全、稳定地运营，是关系到国家政治、经济、军事、民生等诸多方面的大事，也是每一个桥梁工作者应当为之奋斗的目标。

随着铁路桥梁使用年限的增长，桥梁不可避免地会出现一些病害，这也使得桥梁的维修与加固工作越来越艰巨且重要。只有定期认真地对桥梁进行检测，对有病害桥梁进行及时的维修与加固，才能确保桥梁安全稳定地工作，在面对自然灾害时有足够的抵抗能力，在安全允许范围内最大限度地延长桥梁的工作寿命。

习题

1. 简述我国桥梁发展现状。
2. 铁路桥梁病害主要有哪些？
3. 引起桥梁坍塌事故的原因包括哪些？
4. 桥梁加固的原则有哪些？
5. 试说明铁路桥梁维修加固工作的意义。

第 2 章

铁路桥梁维修加固流程和基本原则

2.1 维修加固基本流程

在各种因素的影响下，铁路桥梁经过多年运营后，往往会出现各种病害，导致承载力降低。有时，在运力增长的需求下，由于列车荷载增加，荷载效应提高，造成既有桥梁承载力不够。在这些情况下，为维持桥梁的正常使用、确保行车安全，需要进行相应的维修加固。其基本流程如图 2-1 所示。

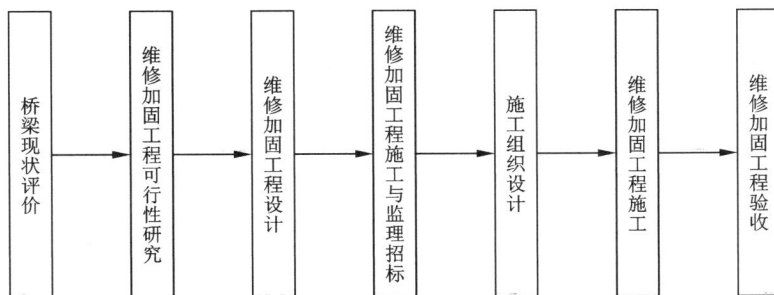

桥梁现状评价 → 维修加固工程可行性研究 → 维修加固工程设计 → 维修加固工程施工与监理招标 → 施工组织设计 → 维修加固工程施工 → 维修加固工程验收

图 2-1 桥梁维修加固基本流程

2.2 桥梁现状评价

桥梁现状评价是对桥梁技术状况、各部位缺陷、病害等进行全面细致的检查和测量，对既有铁路桥梁检算其承载力，测试评定其运营性能。主要内容包括外观调查及资料收集、承载力测试评定和破坏性试验等方法，详述如下。

1. 外观调查及资料收集

原桥梁设计标准、桥面净空、孔径、基础埋置深度等是否满足运营要求；桥涵各个部位完好程度，如桥面、伸缩缝、泄排水设施、支座、栏杆等构件的完好程度；上下部承重结构质量状况，有无裂缝、腐蚀、风化、疲劳等破损现象及挠曲、沉陷等位移变形现象，以及对桥梁整体运营的影响等。

2. 承载力测试评定

承载力测试评定通常采用两种方法。一是利用原设计图纸和地质勘察报告等勘察设计资料，对桥梁承载力(包括上部结构和下部结构)进行检算。当无法获得图纸时，应实测有关设计结构尺寸参数、配筋情况、地质情况等关键数据作为依据。二是通过荷载试验等手段检测桥梁在荷载作用下的实际工作状态，进而结合桥梁调查、检测与检算来综合评定结构的承载力。

3. 破坏性试验

在桥梁全部或部分构件需要重做或更换的情况下，为了解其既有力学性能，以便给类似桥梁维修加固提供技术支撑时，可以进行破坏性试验，以获取桥梁的结构参数和材料性能。这需要对桥梁进行部分拆除或取样来进行实验室测试。

铁路桥梁经评价需要维修加固时，或桥梁结构有明显病害并危及行车安全时，必须进行维修加固。

2.3　维修加固的设计

根据承载力和运营性能的评定结果，如果桥梁主要承重构件需要进行维修加固设计，则应委托具有相应资质的咨询设计单位进行加固工程可行性研究工作，编制可行性研究报告。经主管部门审批通过可行性研究报告并立项后，方可进入下一步设计工作。如项目规模较小、重要性较低，也可用项目建议书代替可行性研究报告，或者直接采用维修加固设计方案报批。

设计阶段通常包括初步设计、施工图设计两个阶段。初步设计文件应说明拟加固项目的技术可行性、经济合理性，一般包括设计依据、设计基本原则、项目规模、技术标准、设计方案、主要工程量、主要技术经济指标、概算等方面的图纸和文字说明。经主管部门审批通过初步设计文件后，即可进入施工图设计阶段。施工图是设计部门依据批准的初步设计或技术设计所编制的设计文件，包括施工所必需的图纸、材料数量表及有关说明。与前一设计阶段相比，施工图应有更加具体的、详细的细部构造、尺寸、材料等图纸的设计和计算工作。其主要内容有平面图、立面图、剖面图及构造详图，工程设计计算书，工程数量表等。施工图设计一般应全面贯彻初步设计的各项技术要求。除指定的需要审查的资料外，一般均不需再审批，可直接交付施工方进行施工。设计部门必须保证设计文件质量。同时，施工图文件也是编制施工图预算和决算的依据。

对于规模小、技术难度不高的维修加固项目，一般不进行初步设计，直接进行施工图设计。对于技术难度高、施工复杂的大型维修加固项目，可在初步设计之后，增加技术设计阶段。技术设计是在已批复的初步设计的基础上，经具体调查、测量和计算后进行编制的，主要内容为协调编制拟建工程中有关工程项目的图纸、说明书和概算等。经批复后的技术设计文件是施工图设计文件和建设项目投资的依据。

桥梁维修加固设计时，应遵循如下基本原则：

（1）必须对原桥进行翔实的现状调查、具体的病害分析与结构状态评定。

（2）加固改造后的桥梁使用荷载等级，应根据使用要求，由设计者按实际情况确定。

（3）加固设计应与施工方法紧密结合，并采取有效措施，保证新增结构与原结构连接可靠，协同工作。

（4）加固设计和施工应尽量不损伤原结构，并保留具有利用价值的构件，避免不必要的拆除和更换。如出现损伤，应进行适当的修补或加固，以提高其耐久性。

（5）应按现行铁路桥梁设计规范进行设计，维修加固后的桥梁在使用荷载下，原有结构与新增结构的强度、刚度及裂缝宽度限值等均应符合规范要求。

（6）加固桥梁应按下列原则进行结构承载力检算：

①结构计算应根据实际受力状况确定。

②结构的计算截面积应采用实际有效截面积，并考虑结构加固时的实际受力情况及加固部分的应变滞后特点。

③进行超静定结构承载力检算时，应考虑实际荷载偏心、结构变形、温度作用等造成的附加内力。

④加固后若桥梁结构重力增加，应对被加固结构及桥梁基础进行检算。

（7）既有桥梁维修加固时，施工必须满足快速安全的要求，尽量减少对铁路运营的干扰，在运营线路上作业时，施工作业应在天窗点内完成。

2.4　维修加固施工与监理招标

施工与监理招标应按交通运输部《铁路工程建设项目招标投标管理办法》执行。招标的主要流程为：

（1）招标资格与备案。招标人自行办理招标事宜，按规定向相关部门备案。委托代理招标事宜的，应签订委托代理合同。

（2）确定招标方式。按照法律法规和规章确定公开招标或邀请招标。

（3）发布招标公告或投标邀请书。实行公开招标的，应在国家或地方指定的报刊、信息网或其他媒介发布招标公告，并同时在中国工程建设和建筑业信息网上发布；实行邀请招标的应向 3 家以上符合资质条件的投标人发送投标邀请书。

（4）编制、发放资格预审文件和递交资格预审申请书。采用资格预审的，编制资格预审文件，向参加投标的申请人发放资格预审文件。

（5）资格预审，确定合格的投标申请人。审查、分析投标申请人报送的资格预审申请书的内容，招标人如需要对投标人的投标资格合法性和履约能力进行全面的考察，可通过资格预审的方式来进行审核。招标人可按有关规定编制资格预审文件，并在发出 3 日前报招标投标监督机构审查。资格预审应当按有关规定进行评审，资格预审结束后将评审结果向相关机构备案。备案 3 日内招标投标监督机构没有提出异议，招标人可发出"资格预审合格通知书"，并通知所有不合格的投标人。

（6）编制、发出招标文件。根据有关规定、原则以及工程实际情况和要求编制招标文件，并报送招标投标监督机构进行备案审核。审定的招标文件一经发出，招标单位不得擅自变更其内容，确需变更时，须经招标投标管理机构批准，并在投标截止日期前通知所有的投标单位。招标人按招标文件规定的时间召开发标会议，向投标人发放招标文件、施工图纸及有关技术资料。

（7）现场踏勘。招标人按招标文件要求组织投标人进行现场踏勘，解答投标方提出的问题，并形成书面材料，报招标投标监督机构备案。

（8）编制、递交投标文件。投标人按照招标文件要求编制投标书，并按规定进行密封，在规定时间送达招标文件指定地点。

（9）组建评标委员会。招标人负责组建评标委员会，也可委托招标代理机构组建。评标委员会成员人数应当为 5 人以上的单数，其中除招标人代表以外的技术、经济等方面的评标专家不得少于成员总数的 2/3。评标专家一般应当从评标专家库中按专业分类随机确定，只有技术复杂、专业性强或者国家有特殊要求，采取随机抽取方式确定的专家难以保证其胜任评标工作的招标项目，才可以由招标人直接确定。与投标人有利害关系的人不得进入相关项目的评标委员会，已经进入的应当更换。

（10）开标。招标人依据招标文件规定的时间和地点，开启所有投标人按规定提交的投标文件，公开宣布投标人的名称、投标价格及招标文件中要求的其他主要内容。开标由招标人主持，邀请所有投标人代表和相关人员在招标投标监督机构监督下公开按程序进行。从发布招标文件之日起至开标，时间不得少于 20 天。

（11）评标。评标是对投标文件的评审和比较，可以采用综合评估法或经评审的最低价中标法。评标委员会根据招标文件规定的评标方法，借助计算机辅助评标系统对投标人的投标文件按程序要求进行全面、认真、系统的评审和比较后，确定出不超过 3 名的合格中标候选人，并标明排列顺序。评标委员会推荐中标候选人或直接确定中标人应当符合能够最大限度满足招标文件中规定的各项综合评价标准；能够满足招标文件的实质性要求，并且经评审后的投标价格最低，但低于企业成本的除外。

（12）定标。招标人根据招标文件要求和评标委员会推荐的合格中标候选人确定中标人，也可授权评标委员会直接确定中标人。使用国有资金投资的项目，招标人应当确定排名第一的中标候选人为中标人。排名第一的中标候选人放弃中标，因不可抗力提出不能履行合同，或者招标文件中规定内容未满足的，招标人可以确定排名第二的中标候选人为中标人，以此类推。所有推荐的中标候选人未被选中的，应重新组织招标。不得在未推荐的中标候选人中确定中标人。招标人授权评标委员会直接确定中标人的应按排序确定排名第一的为中标人。

（13）中标结果公示。招标人在确定中标人后，对中标结果进行公示，时间不少于 3 天。

（14）中标通知书备案。公示无异议后，招标人将工程招标、开标、评标、定评情况形成书面报告备案；发中标通知书。

（15）合同签署备案。中标人在 30 个工作日内与招标人按照招标文件和投标文件订立书面合同，签订合同 5 日内报招标投标监督机构备案。

2.5　维修加固的施工

施工图设计完成并经评审通过后，即可进行工程施工和监理招标，并由中标施工单位编制维修加固施工组织设计，施工前应进行施工技术交底。经监理批复后，方可开始施工。施工时应采取确保质量和安全的有效措施，并应遵照相关施工规范。施工宜在晴天和白天进行。必须在不良天气或夜间施工时，应有相应的施工保障措施。

桥梁维修加固必须认真执行检查、计划、作业、验收等基本工作制度，全面实行现代化管理，大力发展养桥机械化，积极采用和推广新技术，搞好主要作业项目的标准化，不断提高生产效率和经济效益。桥梁维修加固施工时，应特别注意行车和人身安全，正确处理施工与运输的关系，在保证安全和质量的前提下尽量减少中断行车和限制行车速度的时间。桥梁维修加固工作应遵照《铁路技术管理规程》《铁路工务安全规则》及其他有关规章办理。

施工单位必须有批准的设计文件才能施工。在接到批准的设计文件后，应做好下列工作：

（1）指定技术人员详细了解文件内容，研究确定组织措施、施工工艺以及具体施工方法和施工步骤，对施工较复杂的部分，必要时绘制施工详图。

（2）充分做好施工前的准备工作，特别要做好施工计划，以及材料、机具和劳力等具体安排。做到备好一件，开工一件，完成一件，清理一件，保证桥梁维修加固按计划顺利进行。

（3）桥梁维修加固工程开工前，要进行技术交底。重点工程应组织有关人员向工班长交底，必要时可邀请设计人员参加。

桥梁维修加固施工计划，应包括：年度分季计划，季度分月施工组织计划，月、日施工作业计划。施工应做到：

（1）切实按设计文件、维修加固规则和有关施工规范的规定施工，保证行车安全、人身安全和工程质量。

（2）维修加固封锁施工前，必须充分做好各项施工组织准备和检查，特别是重大复杂工程的封锁施工；应将施工方案、施工步骤、封锁时间、人员分工、安全注意事项及质量要求，详细向施工人员交底，使施工人员心中有数，做到统一指挥、步调一致，保证安全且质量良好。

（3）每日施工的主要情况，如工作内容、安全、质量、使用材料、施工方法以及施工中发现的主要问题、处理情况等，工地负责人应详细记载在施工日志簿内。技术复杂的工程，如打桩、锚喷、压浆、灌注水下混凝土及隐蔽工程项目等，还应有专门的施工记录。

维修加固使用的主要材料，如钢材、水泥、石料、砂子、木料、油漆等应检验合格后，才准领用和运往工地。使用代用材料时，应征得设计单位同意。同时，加强料具管理，建立和健全料具保管、领发、盘点等制度，防止散失或受损。应特别注意易燃、易爆、有毒及易受潮变质的材料的保管工作，以及动力设备、施工机械、运输工具等主要生产机具的保养和管理工作。

桥梁维修加固工程竣工后应做好下列工作：

（1）由于施工影响而拆除的部分和其他损坏部分，应全部恢复原状。

（2）及时清理工地；清除河道中余留阻碍水流的障碍物和桥梁附近的易燃物；清理、回收遗存的材料、工具、备品；对换下的材料，如钢梁、枕木、钩螺栓等，均须整理堆码整齐，点交工务段保管。旧钢梁经检定不能继续使用者，由工务段办理报废手续进行处理，对有使用价值的钢梁，应按照设计文件规定运到便于装运的车站或专用线上，验交后由工务部统一调配使用。

（3）应将施工记录和竣工图等按照铁路局规定的份数整理完毕，等候验交。对技术复杂，采用新技术、新工艺的工程，应做好施工技术总结。

2.6　维修加固的质量保证与验收

为了保证施工安全和工程质量，施工过程中，施工单位应建立下列检查制度：

（1）工班长（或工地负责人）应在每日收工前，组织工人对当日完成工作的质量和安全情况进行全面检查。

（2）分段应直接领导重大工程的施工，对其他工程每月至少全面检查一次。

（3）大修段应经常检查重大工程的质量，并进行技术指导，每月应对全部开工工程进行一次检查。

（4）大修段或工务段对发包给其他单位施工的大修工程，应派人负责检查该工程的质量和安全。上述检查均应填写检查记录。

项目业主单位应重视质量监察，主要工作包括：

（1）铁路局、分局应指派专人认真检查大修工程的施工，工务段领工员也应经常检查管内大修工程的质量及行车安全；在施工过程中，应与施工单位加强配合，遇有重大问题，应及时报请铁路局（分局）处理。

（2）隐蔽部分的施工（如圬工连接面的处理、重要工程钢筋绑扎、模板竖立、铺设防水层、基础开挖尺寸标高等），施工单位必须派技术人员临场检验，并应事先通知工务段派员会验，检验合格方可继续施工，并应详细填写隐蔽工程检查记录并说明施工质量，必要时须绘示意图作为竣工文件。重大工程应在三天前通知铁路局进行检验。对钢梁除锈工程，由工务段指派桥梁领工员（或工班长）会同施工负责人进行检查，经检查验收除锈合格后，方可涂装。

大修验收以每件为单位；工程项目较多、工作量较大的工程，亦可分项或分孔（个）进行验收，但须在全部工程竣工后，再进行一次总的质量评定。

工程竣工后，应进行质量验收。施工单位应先由工班、分段及大修段按设计文件、桥隧大修、维修规则逐级检验施工质量，并作出检验记录及质量评定，如质量不合格或有漏项等缺陷，应及时整修好，同时备齐竣工文件(包括竣工图、隐蔽工程检验记录、施工日志簿、专门施工记录等)报请铁路局（分局）。验收由业主成立竣工质量验收委员会来进行，竣工验收委员会由主持单位、铁路主管部门、质量监督部门等单位代表组成；技术复杂的维修加固工程，应邀请有关专家、设计单位、施工单位、监理单位、接管养护单位等参加验收工作。质量验收的内容包括：检查工程实体、审查相关资料、确定维修加固工程质量评分和等级、形成竣工验收鉴定书。维修加固后桥梁工程的检定依据《铁路桥梁检定规范》(铁运函〔2004〕120 号)进行。

2.7　相关规范和依据

铁路桥梁维修加固设计应依照现行铁路桥涵设计规范及其他相关规范办理，主要规范有：《铁路桥涵设计规范》(TB 10002—2017)；《铁路桥梁钢结构设计规范》(TB 10091—2017)；《铁路桥涵混凝土结构设计规范》(TB 10092—2017)；《铁路桥涵地基和基础设计规范》(TB 10093—2017)。

维修加固施工应依照现行《客货共线铁路桥涵工程施工技术规程》(Q/CR 9652—2017)和相关规范办理。维修加固施工质量验收可依照现行《铁路桥涵工程施工质量验收标准》(TB 10415—2018)及相关规范办理。维修加固施工后，桥梁的承载力和运营性能效果评价可依照现行《铁路桥梁检定规范》(铁运函〔2004〕120 号)及相关规范办理。

维修加固施工时，施工单位要具体制定用于工程实际实施的详细的安全防护措施，施工过程中切实做好对既有铁路的安全防护工作。严格执行《铁路运输安全保护条例》《铁路营业线施工安全管理办法》等相关规定，确保既有铁路的正常运营和安全。

2.8　维修加固后的管养

桥梁维修加固后的日常检查和维护是桥梁养护管理工作的重要基础工作，是评估养护效果、制订养护计划的重要数据来源，可为评定桥梁的技术状况等级、制定管理养护计划提供基本数据，以及为桥梁养护管理系统搜集结构技术状态的动态数据。其为确保桥梁维修加固后的正常运营和使用寿命的关键环节。

桥梁定期检查包括桥面系检查、上部结构检查、支座检查、墩台与基础检查、附属构造物检查。其既包括常规、系统、全面的检查，又有针对病害部位的重点检查。具体检查内容如下。

1. 桥面系检查

桥面系检查是指按桥面系的组成部分(桥面铺装、排水系统、栏杆、扶手及人行道等)依次检查。

(1)桥面铺装。主要检查：桥面铺装有无裂缝(龟裂、纵横裂缝)；坑槽、防水层是否漏水；等等。

(2)排水系统。主要检查：桥面排水是否顺畅，有无积水；泄水管是否完好、畅通，管口是否被堵塞；桥头排水沟是否完好；锥坡有无冲蚀、塌陷；等等。

(3)栏杆、扶手及人行道。主要检查：栏杆、扶手有无缺损、裂缝、变形过大、金属腐蚀等；栏杆、扶手的破坏情况，以及连接处是否有脱落，钢制构件是否锈蚀、脱漆；人行道与桥面板连接的牢固程度；等等。

2. 上部结构检查

桥梁上部结构是桥梁的主要承重结构，是检查的重点内容之一。桥梁上部结构检查分三部分：基本受力构件检查；横向联系检查；T 梁挠度、变形检查。

（1）基本受力构件检查。检查 T 形梁、箱梁有无混凝土开裂、剥落、断面破损、钢筋外露及锈蚀、混凝土本身质量不足、异常变形等。发现裂缝要认真测量裂缝宽度、长度。

（2）横向联系检查。桥梁上部结构的整体性是靠基本构件的横向联系来保证的。横向联系的构件检查一般包括它们本身状况检查及它们与基本构件连接状况的检查。对于 T 梁，应重点检查 T 梁横隔板的破损及裂缝情况，检查连接钢板有无外露及锈蚀现象等。

（3）T 梁挠度、变形检查。T 梁挠度、变形检查是桥梁上部结构检查的重点，观察其变形、振动和摆动，能够推测其存在的重大隐患。主要是观察基本受力构件的变形(下挠、扭曲、侧屈、位移等)、竖向振动和横向振动。一般先目测，发现有明显变形时，再用精密仪器测量。

3. 支座检查

对桥梁支座应进行以下几个方面的检查：

（1）支座是否完好、清洁，有无断裂、错位、脱空。

（2）支座垫石有无裂纹。

（3）橡胶支座是否老化、开裂；有无过大的剪切变形或压缩变形，位置是否正确；各夹层钢板之间的橡胶层外凸是否均匀；辊轴支座螺栓是否磨损、弯曲；牙板变形、辊轴倾角是否不一致；等等。

4. 墩台与基础检查

桥梁墩台与基础的主要检查内容如下：

（1）墩台与基础有无滑动、倾斜、下沉或冻裂。

（2）台背填土有无沉降或挤压隆起。

（3）混凝土及帽梁有无冻胀、风化、开裂、剥落、露筋等。

（4）石砌体有无砌块断裂、通缝脱开、变形，砌体泄水孔有无堵塞，防水层有无损坏。

（5）墩台顶面是否清洁，伸缩缝处有无漏水。

（6）基础下是否发生不许可的冲刷或掏空现象；扩大基础的地基有无侵蚀；桩基顶段在水位涨落、干湿交替变化处有无冲刷磨损、颈缩、露筋；有无环状冻裂；有无受到污水、咸水或生物的腐蚀。

5. 附属构造物检查

附属构造物的主要检查内容如下：

（1）翼墙、耳墙有无风化、开裂、剥落、露筋、位移。

（2）锥护坡有无冲刷、位移、材料缺陷(局部隆起、凹陷、开裂、破损)。

（3）附属构造物有无损坏、冲刷、变形，能否正常发挥作用。

根据上述检查结果，对于能够现场进行简单处理的问题给予常规的处理和养护，避免小问题积累成大问题。对于一些须做专项处理的问题，则应制定处理方案，并及时处理。

2.9　维修加固方法和配合使用的技术

桥梁结构的维修加固可分为直接维修加固和间接维修加固两类，可根据实际情况和使用要求选择适宜的维修加固方法及配合使用的技术。直接维修加固宜根据工程的实际情况选用增大截面加固法、粘贴钢板加固法等。间接维修加固宜根据工程的实际情况选用外加辅助结构法、体外预应力加固法等。与桥梁维修加固方法配合使用的技术可采用国家标准《混凝土结构加固设计规范》（GB 50367—2013）推荐的裂缝修补技术、锚固技术和阻锈技术。

2.10　提升桥梁结构性能的思路

一般情况下，为达到提升重载铁路性能，不外乎要解决三大问题，即维修、整治、加固与技术改造。

（1）维修：重载铁路桥梁的正常维护和修缮工作内容包括常规的排、堵、防水设施维修，桥面伸缩缝中的异物清理，破损围栏的修复，支座的防护，等等。

（2）整治：指对桥梁（不影响桥梁受力的构件部位）常见的缺损和缺陷进行修整和处理，如桥面铺装层、防水设施、轻微的结构破碎等的常规维护和修复工作。

（3）加固与技术改造：指对桥梁构件补强，改善结构性能，提高桥梁的承载力和通行能力，延长桥梁的使用寿命，适应铁路大轴重、高频率运输的要求。

桥梁维修加固一般分为永久性加固和临时性加固，前者加固的结构需要长期地保留在桥梁的结构之中，后者是为了使超重车通行而采用的临时性加固措施。对于重载铁路，结构性能的提升是永久性的，但在加固方法的选择和构件的设计上，须考虑加固构件的可更换性。

目前，国内外对桥梁进行加固改造的技术途径主要有以下四种：

（1）加强薄弱构件。对于桥梁有严重缺陷的部位，或者要通行重型车辆但不能满足承载要求的部位，如梁桥的跨中部位、支座部位、承受负弯矩的部位，拱桥的拱顶、拱脚、1/4拱跨部位，以及其他变截面处等，采取加强措施，进行补强。在桥梁结构中，特别要注意的是，桥梁的薄弱处一般在受拉区范围内，受压区的情况则比较少。对于薄弱处加固，往往采用喷射混凝土、粘贴钢板、增大主梁或主拱圈截面的方法来增加其强度，以及采用高强度混凝土或环氧混凝土砂浆封填裂缝，增设预应力钢筋或粘贴附加构件等方法对缺陷进行处理。

（2）增加辅助构件。在桥梁承载力不足或由某种原因导致桥梁破损时，可以在原有的结构上增加新的受力构件，如：梁桥中增设主梁、横隔梁；简支梁之间加设辅助构件，使其成为连续梁的工作状态；梁下部采用八字支撑方式，增加跨孔以改变受力状态；拱桥中采用梁式结构替代回填料；等等。特别要注意的是，在更换原有结构上的有严重缺陷且不能修复的构件时，必须设置足够的临时支撑，或采取可靠的措施，以保证整个结构在施工中的安全。

（3）改变结构体系。根据桥梁的实际状况，可采用以下改变结构体系的方法：将梁式结构改为拱式结构；将拱式结构改为梁式结构；将简支梁改为连续梁；将单跨结构改为多跨结构；增加支点；将铰接支撑改为刚性连接；等等。通过这些方法达到改善结构薄弱处的受力状态，提高整体桥梁的承载力。

（4）减轻恒载。减轻桥梁上部结构的恒载，改善原桥梁的受力状态，提高桥梁的承载力，特别是在桥梁基础承载力受到限制、不能满足加固上部结构和提高活载承载力时，通过减轻桥梁恒载的办法来提高承受活载的能力，是一种经济有效的措施。如将实腹式拱桥改建为空腹式拱桥，或更换拱上填料的办法，对提高拱桥承载力具有十分显著的效果。

要加固桥梁，需要调查旧桥的设计施工资料、研究桥梁的特性、分析病害产生的原因。要完全吃透该桥的各个方面的情况，才能有的放矢，采取切中要害、针对性强的加固方案。从某种意义来讲，旧桥加固和技术改造的难度往往超过新建造一座桥，因此，对现有桥梁的加固改造提出以下基本要求。

1. 旧桥加固改造的基本要求

（1）结构检算分析应简单，构造措施应合理。

（2）加固改造技术可靠，耐久性满足使用要求。

（3）施工粉尘、噪声、废弃物等对环境的影响小。

（4）加固费用省，经济效益高（与新建造一座桥梁相比）。

（5）设备简单，施工方便，工艺成熟，质量和工期易于控制。

（6）施工过程中对人身安全、行车安全和结构安全影响小。

（7）尽量不中断交通或少断交通。

（8）加固改造的材料耐久性好，养护工作量少。

（9）尽量减少对原桥梁结构的损伤。

2. 进行旧桥加固改造工作前，需要先进行详细的设计工作

对关键的技术措施，应先进行室内试验，掌握其技术要求和检验方法。加固设计时应注意以下几点：

（1）加固后的桥梁，在使用荷载的作用下，原有结构和新增加的结构各部分的强度、刚度和裂缝，均应符合现行设计规范的要求。

（2）当仅要求提高活载能力时，加固改造工作可以在原结构保持恒载应力状态下进行。此时，原有结构的全部恒载和加固改造后所增加的恒载，均由原结构承担，活载由原结构和新增加的构件或加大后的截面共同承担。

（3）如果通过检测和计算，原结构的工作应力已接近或已超过允许限值，需要减小原桥的恒载应力，则应采取一定的卸载措施，如：减少拱上填料；用轻质材料更换原桥面铺装层；外加预应力使桥梁产生附加上拱度，或者在桥梁的跨中部位适当地顶起，使桥梁在卸去部分恒载的情况下进行加固，此时新构件（截面）处与原结构除共同承担活载外，还承担原有结构的一部分恒载，新旧结构按整体受力计算。

（4）采用增大截面加固法进行旧桥加固改造时，由于新旧结构的材料或混凝土之间收缩率不同，引起结构内力的重新分布，在新旧材料或新旧混凝土的结合面上将出现较大的拉应力，容易出现裂缝而影响到结构的整体性。因此，必要时应该进行收缩应力的计算；在新旧材料或者新旧结构之间的结合面处，采用增加纤维的方法或采用性能相近的材料进行补强。为减小混凝土收缩的不利影响，新浇混凝土不宜采用过高等级的水泥和较大的水灰比，并在新浇混凝土中设置钢丝网或者尽可能采用性能相近的材料进行加固补强。

习题

1. 铁路桥梁维修加固的基本流程是什么？
2. 铁路桥梁现状评价包括哪些内容？
3. 加固设计分几个阶段？各阶段的内容是什么？
4. 施工和监理招标的流程和注意事项有哪些？
5. 维修加固施工过程需要完成哪些工作？
6. 维修加固完成后验收的内容有哪些？
7. 维修加固后的管养有哪些注意事项？
8. 简述提升铁路桥梁性能的思路和技术途径。

第 3 章

铁路桥梁维修加固材料

3.1 混凝土

混凝土在结构工程中的应用极为广泛，是桥梁建设中不可或缺的重要材料，在维修加固工程中更是占据至关重要的地位。对桥梁结构进行补强时，混凝土强度等级应高于原有构件，其强度等级不应低于 C30；对于预应力混凝土，混凝土强度等级不应低于 C40。

水泥的品种、性能和质量应满足下列要求：

（1）宜选用硅酸盐水泥。快硬硅酸盐浆或硅酸盐水泥，其强度应高于 C32.5；在对耐腐蚀和高温性能有一定要求的情况下，必须使用专用水泥。

（2）配制用于补强的聚合物砂浆，其强度等级应高于 C42.5。

集料的品种和质量应满足下列要求：

（1）粗粒级集料选用质地密实、强度高、耐久性能好的砂石料。在主要承载部件中，配筋混凝土的最大颗粒尺寸为：混合混凝土不应大于 20 mm，碎石混凝土不应大于 10 mm。不应采用含活性二氧化硅的石料。

（2）细粒级集料以中粗砂和粗砂为主，细度模数为 2.6~3.7。

（3）混凝土搅拌用水必须符合要求。首先其中不应有任何有害的杂质，如油脂、糖类、游离酸等，这些杂质都会影响水泥的正常凝结和硬化。其次是不用污水，pH 低于 5 的酸性水和以 SO_4^{2-} 计的硫酸盐含量大于 0.27 mg/cm³ 的水不宜使用。混凝土中使用的粉煤灰必须为 I 类粉煤灰，其掺量不应超过 3%。对于采用聚合物混凝土、微膨胀混凝土和复合短纤维混凝土的桥梁加固，必须先试配，然后进行强度、干燥收缩和抗腐蚀性能的检测。

在混凝土中使用外加剂时，必须按照《混凝土外加剂》（GB 8076—2008）和《混凝土外加剂应用技术规范》（GB 50119—2013）的质量和有关技术要求；掺杂物不应含有氯盐、亚硝酸盐、碳酸、硫氰酸；在混凝土中不能用铝粉做膨胀剂。

3.1.1　现浇混凝土

在桥梁的维修加固工程中，可以采用现场浇筑的方法来修复结构表面的蜂窝、孔洞及大面积的损伤，如图 3-1 所示。在修复上述损伤时，建议采用高于原有混凝土强度的材料，粗骨料粒径宜控制在 15 mm 以内。在有条件限制的情况下，可以采用自流平混凝土。在进行桥梁结构表面修复之前，必须对混凝土表面的蜂窝、孔洞进行清理，去除锈蚀的钢筋，并使原有的混凝土表面保持潮湿、干净。

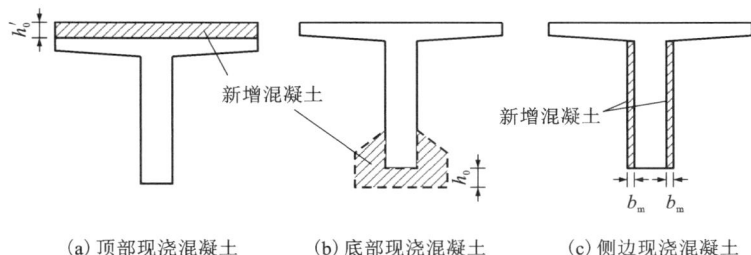

(a) 顶部现浇混凝土　　(b) 底部现浇混凝土　　(c) 侧边现浇混凝土

图 3-1　现浇混凝土

现浇混凝土一般采用与原有混凝土等级相同或高一等级的细砂石混凝土；水泥标号为 C40 或更高时，水灰比应尽可能小，且需要通过试验确定，如有需要，可加入减水剂，以调整施工和易性。现浇混凝土应符合下列条件：

(1) 其强度等级应该高于原有混凝土等级，且不应低于 C25。

(2) 新浇筑混凝土最小的厚度不能少于 100 mm；梁和承压构件的长度不得少于 150 mm。

(3) 对于不超过 100 mm 的新浇筑混凝土，可以使用小石子混凝土或喷射高性能的抗拉复合砂浆。当工程规模较大、新浇筑的混凝土施工环境较差时，可采用微膨胀或自密实等方法。

3.1.2　喷射混凝土

在桥梁维修加固工程中，常采用水泥、砂和水三种材料，通过高压喷雾将其喷射至修复区域。喷射工艺的特征如下：

(1) 减小水灰比、增加水泥用量，可以达到高强度、高密实度的目的。

(2) 喷灰层与喷淋表面黏结牢固，耐久性能好。

(3) 工艺简单，效率高，但耗材多。

(4) 喷浆层厚度不够或厚度不均，易产生开裂，且收缩速率大。

在喷射前应准备充足的砂子和水泥，并在拌和后及时使用，同时要注意保护喷射混凝土。输送管线通常使用软管，敷设长度不应低于 15 m。气压、水压要控制在 0.25 ～ 40 MPa。喷头与喷淋表面相距 80 ～ 120 cm，且相互垂直。喷淋的厚度取决于施工方法，如采用分层施工，则下一次施工应在上一次施工完成后进行，每次施工的间隔时间控制在 2 ～ 3 h。如上一层已经固化，应使用毛刷刷除，然后才能进行喷涂。最后按需要对其进行表面处理，注意养护、遮光和保湿。

混凝土层的喷淋厚度根据设计需要确定,每次喷淋的厚度不宜超过 8 cm。如果需要增厚,则可多次重复进行。具体的喷淋时间应视水泥种类、空气温度及速凝剂用量而定。对于喷射混凝土,可以选择早强或钢纤维加固。在条件许可的情况下,为提高补强效果,建议采用钢纤维补强。

3.1.3　水泥砂浆

对桥面结构件的浅面和小范围的病害进行修复,可采用普通水泥砂浆进行人工涂刷,也可采用专用的修复材料。对大面积的浅层病害和裂缝,可以通过喷射浆液进行修复。建议选择与原混凝土同一种水泥配制,其配合比通常由试验确定。用水泥砂浆修复时,可以采取人工喷涂抹填压、喷浆等方法。

另外,还可以采用水泥砂浆对下部结构进行加固。如在桥墩地基下,可采用直孔法、斜井法、灌注管桩法,并将不同的泥浆(加固剂)用一定的压力灌注到地层中。注浆固化后,可以使原来疏松的土体固化成具有一定强度、防渗能力的整体,也可以用来封堵裂隙,起到加固地基和提高地基承载力的作用。在不同条件下,水泥砂浆的效果主要有:

(1)填充砌体内的空隙,提高砌体强度。

(2)堵塞孔洞和裂缝,减少渗流冲刷的可能性。

(3)增加砂子和砾石的承压能力。

(4)挤密软弱土层,形成复合地基,提高地基承载力。

在选择浆液材料时应遵循以下原则:

(1)浆液应不悬浮、黏度低、流动性好且能进入微小裂隙。

(2)浆液的成胶时间可以调整,且操作简单,可以快速完成。

(3)浆液具有良好的稳定性,贮存时性能不会发生变化,不发生化学反应。

(4)无毒、无害、无环境污染、对人体无伤害、无爆炸性。

(5)不侵蚀灌浆设备、管道、混凝土结构和橡胶制品等,易于清洁。

(6)胶凝材料不收缩,与岩石和混凝土有较好的黏结性能。

(7)有一定的抗压能力、抗拉强度、抗开裂性、抗渗性、抗冲蚀性。

(8)有良好的抗老化性能,耐酸碱、耐盐和耐生物侵蚀,温度和湿度对其均无影响。

3.2　钢材

一般钢筋为 R235、HRB335、HRB400 和 KL400。钢板、型钢、扁钢、钢管的材质为 Q235、Q345、Q390、Q420。一些重要结构的焊接部件,应该选用具有良好焊接性能的材料,如 Q235 和 Q345。高强螺栓的使用,必须满足现行国家标准和行业规范的有关要求。

预应力钢材的品种、质量和性能应满足下列要求:

(1)预应力钢材的基本性能指标应满足《公路钢筋混凝土及预应力混凝土桥涵设计规范》(JTG 3362—2018)的要求。

(2)体外预应力索应采用防腐性能可靠的产品,宜采用成品索;采用环氧涂层预应力钢材时,应检测涂层的质量及主要性能指标。

焊接材料的型号和质量应满足下列要求：

（1）焊条材料的品种、规格应满足设计要求；其型号应与被焊接钢材的强度相适应。

（2）焊缝连接的设计指标应符合桥梁钢结构设计规范的相关规定。

在对桥梁进行加固时，应选用 HRB335、HRB400、RRB400 的热轧带肋钢筋。紧固件选用钢质螺钉，必须是全螺纹非焊螺钉，钢材级别为 Q345 或 Q235。锚固件为锚栓时，其钢材的性能指标必须符合表 3-1 中的有关规定。

表 3-1　加固用锚栓主要性能指标

性能等级		性能项目		
		抗拉强度标准值/MPa	屈服强度标准值/MPa	伸长率/%
碳素钢及合金钢锚栓	4.8 级	400	320	14
	5.8 级	500	400	10
	6.8 级	600	480	8
	8.8 级	800	640	12
不锈钢锚栓	50（$d \leqslant 39$ mm）	500	210	$0.6d$
	70（$d \leqslant 24$ mm）	700	450	$0.4d$
	80（$d \leqslant 24$ mm）	800	600	$0.3d$

注：表中的 d 表示锚栓的公称直径。

3.2.1　钢筋

在桥梁结构中，由于桥梁受力超出允许承载力，且桥面、桥下净空有限，一般不能再增大其截面高度，通常在桥面上加焊筋。增焊主筋和增设箍筋是常见的加固方法。若原桥梁抗剪强度不足，则在增焊主筋的同时，还应在梁的侧面增加箍筋。

在预应力混凝土桥梁中，采用粘贴加固措施，可以提高预应力混凝土的抗拉性能。在抗拉强度较低，且在受拉区出现裂纹的情况下，可以采用这种方法。黏结钢筋的结构黏结性能好，易加工成型，补强效果明显。为了减小树脂层的厚度、节省材料并降低成本，用于粘贴的钢筋直径通常不超过 8 mm。在加强过程中，加强筋直径不得少于 12 mm，但不得超过 25 mm；构造筋直径应在 10 mm 以上；箍筋直径不得少于 8 mm。新增的加固材料应符合下列条件：

（1）新增加的纵筋与原有的受力钢筋之间的连接方式为短筋，其直径不得少于 12 mm，每根短筋之间的间距不得超过 500 mm。

（2）如果是单面或双面加强，则需设 U 形箍筋或闭式箍筋。

3.2.2　钢板

在钢筋混凝土结构中通过粘贴钢板来替代新增的钢筋，钢板与结构形成整体，能发挥其与结构的协同效应，提高结构刚度，抑制裂缝扩展，改善钢筋与混凝土的受力状态，提高承载力,实现结构的加固。

在桥梁结构的主拉应力区,若斜筋不足,为增加结构的抗剪切强度,可将钢板斜向粘贴在结构侧面(斜度一般为 45°~60°),如图 3-2(b)所示,且与剪切裂缝的方向垂直,用以承受主拉应力。钢板可以采用钢板条,也可以采用 U 形箍板、L 形箍板,但是这两种形式都需要用到钢板压条。

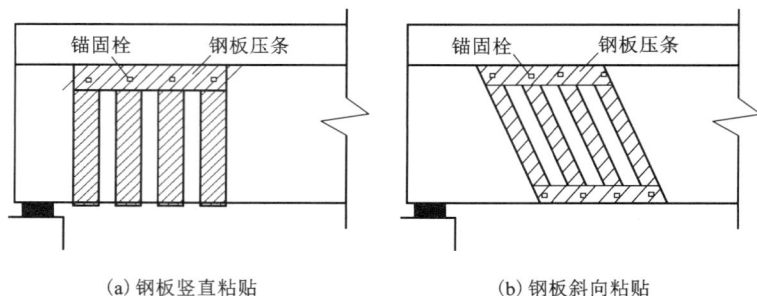

(a)钢板竖直粘贴　　　　　　　　　　(b)钢板斜向粘贴

图 3-2　粘贴钢板

3.2.3　钢筋网

钢筋网类似于胶黏钢板的作用,可布设在桥梁下缘,用以提高喷层强度、承受拉应力、传递温度应力、减少收缩裂缝,同时加强喷射混凝土的整体性。

为满足增加承载力的需求,常在桥梁下缘布设钢筋网。一般的步骤是按照一定的间距将梁底的保护层凿除,再将部分钢筋沿着桥面纵、横向焊接到原有的主筋上,形成钢筋骨架。在此基础上,将剩余的钢筋按规定的距离或焊接或捆扎于钢筋框架内,从而构成一张加固网。

3.3　纤维复合材料

在采用纤维复合材料对桥梁进行补强时,必须使用与之匹配的树脂类材料找平及黏结表面保护材料。在进行材料特性检测及桥梁结构加固设计时,应按下列规则进行计算:

(1)对于纤维织物,应用纤维的净截面来计算,即用计算得到的织物的厚度乘以宽度,然后用它的单位面积纤维质量除以纤维的密度来计算。

(2)对单向纤维板材,应按不扣除树脂体积的板截面面积计算,即应按实测的板厚乘以宽度计算。

3.3.1　碳纤维

碳纤维是一种新型建材,因其耐腐蚀、片材轻薄、抗拉强度高而被广泛应用,如图 3-3 所示。碳纤维应选用不大于 12 k(12 k 指碳丝为 12000 根)的小丝束聚丙烯腈基(PAN 基纤维),不得使用大丝束纤维。将抗拉性能优良的碳纤维布用粘贴材料粘贴到梁体底面或箱梁内壁上，使其与原结构一起受力。碳纤维布能够与原结构内布置的钢筋共同承受拉力，提高旧桥的承载力。在桥梁的主拉力方向(或与裂缝正交方向)粘贴碳纤维布，并在两端设置锚固端，可约束混凝土表面裂缝，防止裂缝再扩展，从而提高构件抗弯刚度，减少构件挠度，改善梁体受力状态。

图 3-3　碳纤维

粘贴碳纤维复合材料加固法适用于梁、板的加固，可提高梁、板的承载力，但碳纤维对刚度的提高效果有限，如图 3-4 所示。此外，碳纤维也可用于加固钢筋混凝土受压柱，能提高其承载力、延性和耐久性等。

图 3-4　碳纤维在桥梁梁体加固中的应用

碳纤维布的抗拉强度一般为 3550 MPa，弹性模量为 2.35×10^5 MPa；由于碳纤维布的品质不同，其厚度为 0.11~0.43 mm，幅宽为 20~100 cm，卷材长度为 50~100 m。单层碳纤维布的单位面积纤维质量不应低于 200 g/m²，不宜高于 300 g/m²。单向碳纤维板的厚度不应小于 1.0 mm，不宜大于 2.0 mm；板的宽度不宜大于 150 mm；碳纤维体积含量不应低于 60%。碳纤维板的厚度不宜大于 2.0 mm，宽度不宜大于 200 mm，碳纤维体积含量不宜小于 60%。碳纤维片材的力学性能参照现行国家标准《定向纤维增强聚合物基复合材料拉伸性能试验方法》(GB/T 3354—2014)测定。碳纤维片材的主要力学性能指标见表 3-2。

表 3-2　碳纤维片材的主要力学性能指标

性能项目	碳纤维布	碳纤维板
抗拉强度标准值/MPa	≥3000	≥2000
弹性模量/MPa	≥$2.1×10^5$	≥$1.4×10^5$
伸长率/%	≥1.5	≥1.5

采用碳纤维片材对混凝土结构加固时，应采用与碳纤维片材配套的底层树脂、找平树脂、浸渍树脂或黏结树脂。配套树脂类黏结材料在本书第 5.4 节中再进行详细介绍。

粘贴碳纤维的要求：

(1)采用碳纤维加固受压柱时，原构件混凝土强度等级不得低于 C25。

(2)碳纤维宜粘贴成条带状，非围束时板材不宜超过两层，布材不宜超过三层。

(3)对钢筋混凝土柱粘贴碳纤维进行加固时，条带应粘贴成环形箍，且纤维方向应与柱的纵轴线垂直。加固大偏心受压构件时，可将碳纤维粘贴于构件受拉区边缘的混凝土表面，纤维方向应与柱的纵轴线方向一致。加固受拉构件时，纤维方向应与构件受拉方向一致。梁的受拉区两侧粘贴碳纤维进行抗弯加固时，粘贴高度不宜高于 1/4 梁高；采用封闭式粘贴或 U 形粘贴对梁、柱构件进行斜截面加固，纤维方向宜与构件轴线垂直或与其主拉应力方向平行。

(4)碳纤维沿纤维受力方向的搭接长度不应小于 100 mm。当采用多条或多层碳纤维加固时，其搭接位置应相互错开。

(5)当碳纤维绕过构件(截面)的外倒角时，构件的截面棱角应在粘贴前打磨成圆弧面，梁的圆弧半径不应小于 20 mm，柱的圆弧半径不应小于 25 mm。对于主要受力的碳纤维不宜绕过内倒角。

(6)粘贴多层碳纤维进行加固时，宜将碳纤维逐层截断，并在每层截断处的最外侧加压条，其粘贴形式采用内短外长式。

采用碳纤维对钢筋混凝土梁或柱的斜截面承载力进行加固时，其构造应符合下列规定：

(1)宜选用环形箍或加锚固的 U 形箍；仅按构造需要设箍时，也可采用 U 形箍。

(2)U 形箍的纤维受力方向应与构件轴向垂直。

(3)一般情况下，在梁的中部应增设一道纵向中压带。

3.3.2　芳纶纤维

芳纶纤维是一种类似碳纤维的高性能增强体，具有质轻、柔软、耐久、耐腐蚀、不导电、抗动载和抗冲击等优点。因此，芳纶纤维布(图 3-5)可以像碳纤维布一样粘贴。芳纶纤维布的力学指标参照《桥梁用芳纶纤维布(板)》(JT/T 531—2019)执行。采用芳纶纤维布粘贴加固桥梁，其施工工艺与碳纤维布粘贴加固的施工工艺基本相同。

单层芳纶纤维布的单位面积纤维质量不应低于 280 g/m²，不宜高于 830 g/m²。

图 3-5　芳纶纤维布

3.3.3　玻璃纤维

玻璃纤维是一种新型的高强材料，其主要特点是能与环氧树脂黏结在一起，也能与无碱、无捻的玻璃布黏结在一起，构成一种用于桥梁结构的加固补强，如图 3-6 所示。然而，玻璃纤维材料的弹性模量不高，在粘贴玻璃纤维材料时，往往需要在其中部粘贴高强度钢丝来增加强度。玻璃纤维宜选择 S 型玻璃纤维或 E 型玻璃纤维，不得使用 A 型玻璃纤维、C 型玻璃纤维。

图 3-6　玻璃纤维

碳纤维与玻璃纤维的主要力学性能，应符合表 3-3 的规定。

粘贴玻璃纤维的层数，通常认为四层已足够。广东省交通科学研究所的试验证实，含八层玻璃纤维的玻璃钢，其抗拉强度并无明显提高。玻璃纤维的单位面积纤维质量不应低于 300 g/m^2，不宜高于 600 g/m^2。玻璃钢的弹性模量较低，约为 $1.5 \times 10^4 \text{ MPa}$，一般仅为混凝土的 $1/20 \sim 1/15$，受力时变形大，补强层与混凝土不能很好地共同受力，故使用时应该注意到其特点，合理使用。

表 3-3　桥梁加固用纤维复合材料主要力学性能指标

纤维类别			抗拉强度标准值[①]/MPa	弹性模量/MPa	伸长率/%	弯曲强度/MPa	纤维复合材料与混凝土正拉黏结强度/MPa	层间剪切强度/MPa
碳纤维	布材	Ⅰ级	≥3400	≥2.4×10⁵	≥1.7	≥700	22.5 且为混凝土内聚破坏	≥45
		Ⅱ级	≥3000	≥2.1×10⁵	≥1.5	≥600		≥35
	板材	Ⅰ级	≥2400	≥1.6×10⁵	≥1.7			≥50
		Ⅱ级	≥2000	≥1.4×10⁵	≥1.5			≥40
玻璃纤维	S型(高强)		≥2200	≥1.0×10⁵	≥2.5	≥600		≥40
	E型(无碱)		≥1500	≥7.2×10⁴	≥2.0	≥500		≥35

注：①纤维复合材料的抗拉强度标准值应根据置信水平0.99、保证率95%的要求确定。

　　玻璃布是用无碱玻璃纤维编织而成，具有良好的防水性能和高强度的特点。它可以分成无捻粗纱、平纹布、斜纹布、缎纹布和单向布等。无捻粗纱由于强度高、易于排出气泡、便于施工，是一种常见的玻璃布材料。为改善黏合效果，在使用前，应先将玻璃织物上的油蜡去除(在生产过程中，玻璃织物已加有油脂及蜡质浸润剂)。玻璃布去蜡有两种方法：第一种是先在碱液中浸泡30~60 min，然后用水冲洗；第二种是先把它放进烤炉里加热至190~250 ℃，让它燃烧起来，此过程会有大量的灰尘产生，之后，用2%~3%的碱水将玻璃布煮30 min，取出用水冲洗和烘干。第二种方法是比较理想的。

3.4　黏结材料

　　桥梁加固用胶黏剂。根据所加固结构的重要程度，胶黏剂分为 A 级胶与 B 级胶，其中 A 级胶用于重要结构或构件的加固，B 级胶用于一般结构或构件的加固。桥梁加固用胶黏剂应进行毒性检验，对完全固化的胶黏剂，其检验结果应符合实际无毒卫生等级的规定。在桥梁加固用的胶黏剂中，不得使用乙二胺作为改性环氧树脂的固化剂；不得在其中掺入挥发性有害溶剂和非反应性稀释剂。

　　寒冷地区桥梁加固用胶黏剂应通过耐冻融性能检验。

3.4.1　混凝土胶黏剂

　　混凝土桥梁结构锚固用的胶黏剂，必须采用专用改性环氧胶黏剂、改性乙烯基酯胶黏剂、改性氨基甲酸酯胶黏剂，且应符合锚固用胶黏剂的安全性能指标(表3-4)的规定要求；其填料必须在工厂制胶时添加，严禁在施工现场掺入。不得使用以水泥和微膨胀剂为主要成分配制的锚固剂作为黏结材料。

表 3-4　锚固用胶黏剂的安全性能指标

性能项目		性能指标	
		A 级胶	B 级胶
胶体性能	劈裂抗拉强度/MPa	≥8.5	≥7.0
	抗压强度/MPa	≥60	
	抗弯强度/MPa	≥50	≥40
黏结能力	钢-钢(钢套筒法)拉伸抗剪强度标准值①/MPa	≥16	≥13
	约束拉拔条件下带肋钢筋与混凝土的黏结强度/MPa　C30ϕ25　$L=150$ mm	≥11	≥8.5
	C60ϕ25　$L=125$ mm	≥17	≥14
不挥发物含量(固体含量)/%		≥99	

注：①除本项外，其余均为平均值。

混凝土桥梁加固用胶黏剂，其钢-钢黏结抗剪性能必须经过湿热老化试验合格，湿热老化试验应在 50 ℃温度和 98% 相对湿度环境下进行；老化时间：重要构件不得小于 90 d，一般构件不得小于 60 d；经湿热老化后的构件，应在常温条件下进行钢-钢黏结拉伸抗剪试验，其强度降低的百分率(%)应符合下列要求：

（1）A 级胶不得大于 10%。

（2）B 级胶不得大于 15%。

聚合物水泥砂浆适用于混凝土桥梁表面的风化、剥落、露筋及小面积的破损等缺陷的修补。聚合物水泥砂浆的性能指标应符合现行《公路桥梁加固设计规范》(JTG/T J22—2008)中的相关规定。聚合物水泥砂浆修补施工过程中，应避免振动。修补部位的聚合物水泥砂浆终凝前，应保护其表面免受雨水、风及阳光直射而产生的不利影响，并应及时养护。

胶黏剂的安全性能指标须符合表 3-5 的规定。

表 3-5　胶黏剂的安全性能指标

性能项目		性能指标	
		A 级胶	B 级胶
胶体性能	抗拉强度/MPa	≥30	≥25
	抗拉弹性模量/MPa	≥3500($\geq$3000)①	
	抗弯强度/MPa	≥45	≥35
		且不得呈脆性破坏	
	抗压强度/MPa	≥65	
	伸长率/%	≥1.3	≥1.0

续表3-5

性能项目		性能指标	
		A 级胶	B 级胶
黏结能力	钢-钢拉伸抗剪强度标准值/MPa	≥15	≥12
	钢-钢不均匀扯离强度/(kN·m⁻¹)	≥16	≥12
	钢-钢黏结抗拉强度/MPa	≥33	≥25
	与混凝土的正拉黏结强度/MPa	≥2.5，且为混凝土内聚破坏	
不挥发物含量(固体含量)/%		≥99	

注：①括号内的抗拉弹性模量数值仅用于灌注黏结型胶黏剂。

3.4.2 黏钢胶

粘贴钢板的胶黏剂采用 A 级胶，其胶体性能要求为：抗拉强度≥30 MPa，抗拉弹性模量≥3500 MPa，抗弯强度≥45 MPa 且不得呈脆性破坏，抗压强度≥65 MPa，伸长率≥1.3%。粘贴钢板或型钢的胶黏剂安全性能指标须符合表3-6 的规定。

3.4.3 粘贴纤维复合材料胶

桥梁承重结构加固用浸渍、粘贴纤维复合材料的胶黏剂的安全性能指标须符合表3-6 的规定。不得使用不饱和聚酯树脂、醇酸树脂等作为浸渍、粘贴胶黏剂。

表 3-6　浸渍、粘贴纤维复合材料的胶黏剂的安全性能指标

性能项目		性能指标	
		A 级胶	B 级胶
胶体性能	抗拉强度/MPa	≥40	≥30
	抗拉弹性模量/MPa	≥2500	≥1500
	抗弯强度/MPa	≥50	≥40
		且不得呈脆性破坏	
	抗压强度/MPa	≥70	
	伸长率/%	≥1.5	
黏结能力	钢-钢拉伸抗剪强度标准值/MPa	≥14	≥10
	钢-钢不均匀扯离强度/(kN·m⁻¹)	≥20	≥15
	与混凝土的正拉黏结强度/MPa	≥2.5，且为混凝土内聚破坏	
不挥发物含量(固体含量)/%		≥99	

注：1. 表中的胶黏剂性能指标，应根据置信水平 0.90、保证率 95% 的要求确定。

2. 除钢-钢拉伸抗剪强度标准值外，其余均为平均值。

3. 用于粘贴碳纤维板的胶黏剂，当涂抹厚度小于 3 mm 时，材料的流挂应小于 1 mm。

粘贴纤维复合材料用的底胶与修补胶应与浸渍、粘贴纤维复合材料的胶黏剂相适配，其安全性能指标必须符合表3-7的规定。

表 3-7　底胶及修补胶的安全性能指标

性能项目		性能指标	
		A 级胶	B 级胶
底胶	钢-钢拉伸抗剪强度标准值[①]/MPa	≥14	≥10
	与混凝土的正拉黏结强度/MPa	≥2.5，且为混凝土内聚破坏	
	不挥发物含量(固体含量)/%	≥99	
	混合后初黏度(23 ℃时)/(MPa·s)	≤6000	
修补胶	抗拉强度/MPa	≥30	
	抗弯强度/MPa	≥40，且不得呈脆裂破坏	
	与混凝土的正拉黏结强度/MPa	≥2.5，且为混凝土内聚破坏	

注：①除本项外，其余均为平均值。

习题

1. 纤维复合材料为什么可以用于桥梁加固？
2. 喷射混凝土和水泥砂浆在加固桥梁时的区别是什么？
3. 混凝土加固桥梁的要求是什么？
4. 粘贴加固需要用到哪些材料？
5. 不同复合纤维的区别是什么？
6. 喷射混凝土每次的厚度怎么确定？
7. 玻璃钢使用前应该注意什么？

第 4 章

铁路桥梁地基与下部结构加固方法

　　铁路桥梁基础类型主要为明挖基础和桩基础。基础产生的病害通常有基础沉降、侧向滑移倾斜等。由地基的压密下沉而引起的基础沉降，对于任何一座桥梁都是难以避免的。其在一定范围内属于正常现象，而超出一定范围则将对桥梁产生有害的影响。在软土地基上修建的桥梁基础，由于经常受到土基压实下沉和地下水位升降等的影响，往往还会产生不均匀的沉降。基础由于经常受到洪水的冲刷而产生滑移。冲刷深度由河流的河床纵坡与河床堆积物成分等因素所决定，一般很难预先估计冲刷有多深，事先必须经过充分的调查，以探求其冲刷深度。另外，由于河床疏浚开挖，减少了桥台台前临河面地基土层的侧向压力，也会使基础产生侧向滑移。当桥台基础建造于软土地基上，而台背填土超过一定高度且基础构造处理不当时，作用于台背的水平力增大，将导致地基失稳，产生塑性流动，使桥台产生前移。当基础上下受力不均时，台身也随之产生不均匀的滑移，导致基础出现倾斜。产生滑移或倾斜的桥台基础，多为建造在软土地基上的重力式桥台、倒 T 式桥台。沉井基础也有产生前移的，这是由于沉井基础施工时扰动了地基且承受井背土压力的宽度大，可又不能像桩基础那样，有使流动土压力从桩间挤过去的效果，所以作用于沉井基础的流动压力比桩基础的大，会引起其位移的概率也大。基础产生的滑移或倾斜，在严重时会导致桥梁支座滑落、梁体与胸墙挤压破坏、梁体局部压屈开裂等。桥梁上部结构加固，会导致结构体系发生变化或重量增加，或者列车活载作用标准提高时，应对桥梁地基和基础的承载力（包括强度、稳定性）、变形等进行检算，若不满足使用要求时应进行必要的加固。

　　受力分析时，应考虑结构的实际有效截面面积和结构加固时的实际受力特点，确保加固部分与原结构共同作用。地基、基础存在局部损伤时，加固前应先处理裂缝、缺陷等病害。铁路地基可采用高压旋喷桩注浆法加固。基础可采用增大基础底面法、增设桩基等方法加固。地基、基础的加固均宜对称进行。

4.1 高压旋喷桩加固地基法

4.1.1 特点及适用条件

高压旋喷桩加固地基法在欧美国家称为 jet grouting，在日本称作高压喷射注浆法或 CCP 注浆法、JSG 工法、CJP 工法和 SSS-MAN 工法等。高压旋喷桩加固地基法适用范围较广，既可用于工程新建之前，又可用于工程修建之中，还可用于工程落成之后。喷射的浆液以水泥为主，化学材料为辅。该方法的特点有：①设备简单，施工简便，生产安全。②浆液集中，流失较少。③固结体形状可控，强度较高，有较好的耐久性。④使用材料来源广，价格低廉。⑤旋喷注浆使用的机具振动小、噪声低，不会对周围建筑物带来振动影响和噪声公害。⑥旋喷注浆过程中对土体产生扰动，对既有基础的沉降有一定的影响。该法加固墩台基础的情况如图 4-1 所示。

高压旋喷桩加固地基法有强化地基和防水止渗的作用，主要用于增加地基强度、挡土围堰及地下工程建设、增大土的摩擦力及固着力、减小振动防止砂土液化、降低土的含水量、防止洪水冲刷、防渗帷幕等七类工程。由于高压旋喷桩加固地基法使用的压力大，因此喷射流的能量大、速度快。当它连续、集中地作用在土体上，压应力和冲蚀等多种因素便在很小的区域内产生效应，对于细粒土、含小卵石的土、碎石土，无论土质软硬，均有巨大的冲击破碎和搅动作用；注入的浆液与土拌和均匀后凝固为新的固结体，对淤泥、淤泥质黏土、黏性土、粉土、黄土、砂土、人工填土和碎石土等地基都有良好的处理效果。但对于土中砾石直径过大、砾石含量过多及有大量纤维质的腐殖土，因喷射流可能受到阻挡或削弱，冲击破碎力急剧下降，影响处理效果，故应根据现场试验结果确定其适用程度。对于湿陷性黄土地基，因当前试验资料和施工实例较少，亦应预先进行现场试验。

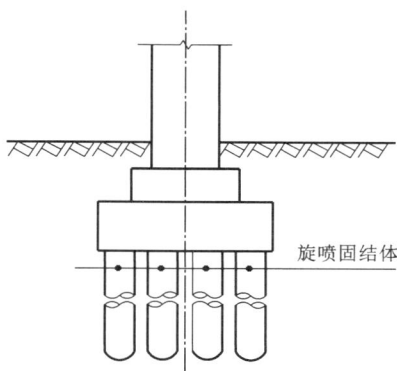

图 4-1 旋喷注浆加固墩台基础

高压旋喷注浆处理深度较大，我国建筑地基高压旋喷注浆处理深度目前已为 30 m 以上。

4.1.2 材料要求和力学特点

旋喷注浆加固使用的浆液应是真溶液而不是悬浊液，且应具备以下特征：①有良好的力学性能，强度满足规范和设计要求；②浆液黏度低、气泡少，有良好的可喷性且流动性好，能进入细小裂缝；③浆液凝胶时间可以在一定范围内随意调节，结石率高；④浆液的稳定性好，对环境无污染；⑤浆液无毒、无臭，对注浆设备、管路、混凝土结构物、橡胶制品无腐蚀性，并容易清洗；⑥材料来源丰富，价格低廉，配制方便，操作容易。

经注浆加固后的地基力学特点为：①固结体和原土层共同受力；②固结体的变形模量较

原土层大很多倍;③固结体和土体的受力在时间上不同步,一般是土体已达到或接近其极限强度以后,固结体才进入工作状态。

4.1.3 基本工艺

高压旋喷注浆法的基本工艺类型有单管法、二重管法、三重管法和多重管法等四种方法(图4-2),各方法详述如下。

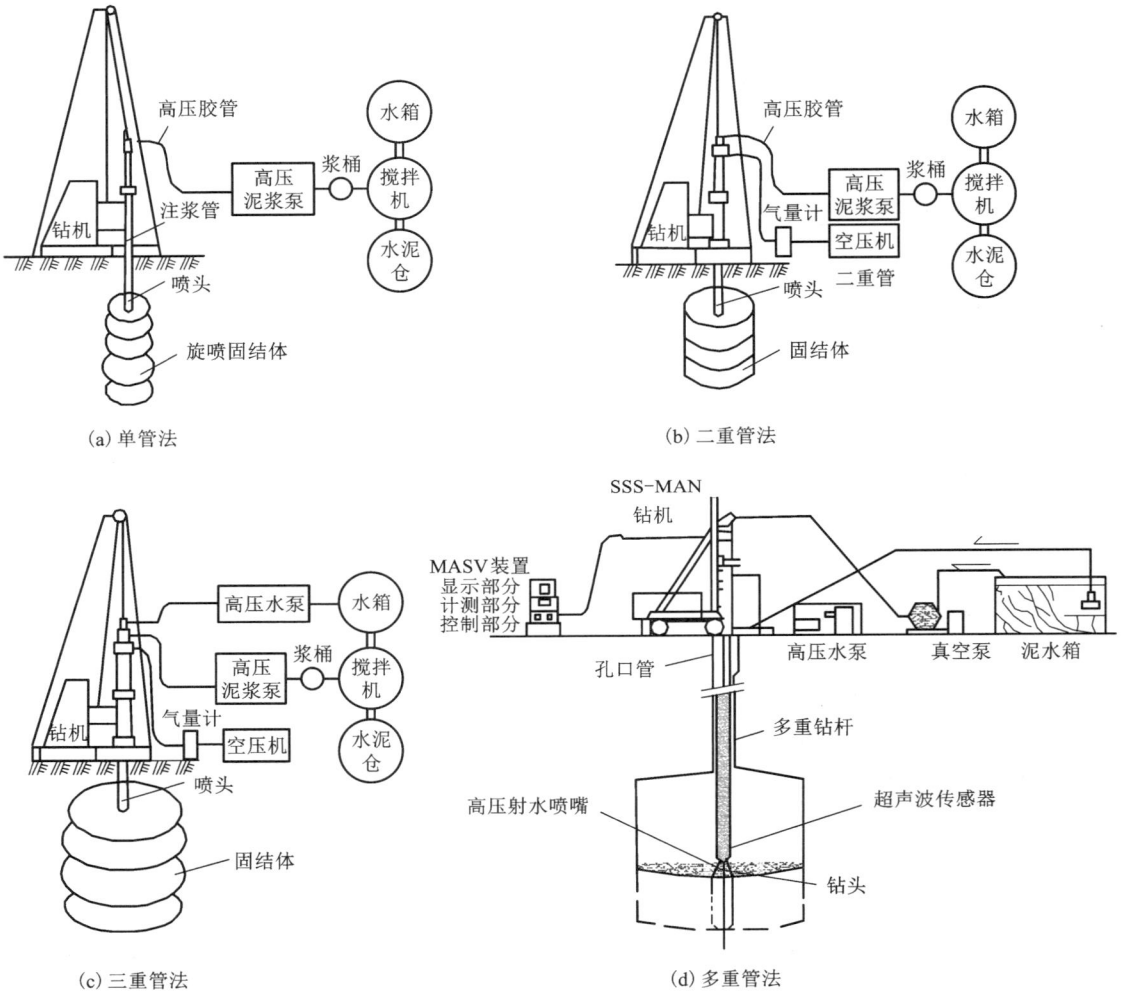

(a) 单管法

(b) 二重管法

(c) 三重管法

(d) 多重管法

图 4-2 高压旋喷注浆法

1. 单管法

利用钻机将安装在注浆管底部侧面的特殊喷嘴置入预定土层,采用高压泥浆泵等装置,以 20 MPa 左右的压力,从喷嘴喷射浆液,冲击破坏土体。同时借助注浆管的旋转和提升运动,使浆液与从土体上崩落下来的土搅拌混合,经过一定时间凝固,在土中形成圆柱状固结体。单管法成桩直径一般为 0.3~0.8 m。

2. 二重管法

在管底部侧面的同轴双重喷嘴，在预定土层，同时喷射出高压浆液和空气两种介质的喷射流，冲击破坏土体。在高压浆液和外圈环绕气流的共同作用下，破坏土体的能量显著增大，喷嘴一边喷射一边旋转和提升，最后在土体中形成直径明显增加的柱状固结体。二重管法成桩直径一般为 1.0 m 左右。

3. 三重管法

采用分别输送水、气、浆三种介质的三重注浆管，在高压泥浆泵等高压发生装置产生 20~30 MPa 的高压喷射流周围，环绕一股 0.5~0.7 MPa 的圆筒状气流，进行水、气同轴喷射，以冲切土体，形成较大空隙，再由高压泥浆泵注入压力为 2~5 MPa 的浆液充填，喷嘴做旋转和提升运动，最终在土中凝固为较大的固结体。三重管法成桩直径较大，一般为 1~2 m，但桩身强度低，一般为 0.9~1.2 MPa。

4. 多重管法

在地面上钻一导孔，置入多重管，用逐渐向下运动旋转的超高压射流切削破坏四周的土体。经高压水冲切下来的土和石，随着泥浆被真空泵从多重管中抽出，在地层中形成一个较大空间；装在喷嘴附近的超声波传感器可及时测出空间的形状和大小，根据需要选用浆液、砂浆、砾石等材料填充，在该空间形成一个大直径柱状固结体。在砂性土中最大直径可达 4 m。此法属于用充填材料充填空间的全置换法。

在工程实践中，单管法和二重管法使用较为普遍。

4.1.4　设计计算

旋喷桩系土与水泥的混合固结体，其强度较低，受力之后桩身的变形量大。考虑到经济性，设计计算时通常视作复合地基，即由桩和承台下的桩间土共同承担基础荷载。

旋喷桩的强度受到许多因素影响，其强度在黏性土中一般为 1~5 MPa，砂土中为 4~10 MPa。根据国内外的施工经验，其设计直径可按表 4-1 选用(多重管法没有明确规定设计直径，最大可为 4 m)。定喷及摆喷的有效长度为旋喷桩直径的 1.0~1.5 倍。

表 4-1　旋喷桩的设计直径　　　　　　　　　　单位：m

土质	标准贯入击数 N	单管法	二重管法	三重管法
黏性土	$0 < N \leqslant 5$	0.5~0.8	0.8~1.2	1.2~1.8
	$6 < N \leqslant 10$	0.4~0.7	0.7~1.1	1.0~1.6
	$11 < N \leqslant 20$	0.3~0.5	0.6~0.9	0.7~1.2
砂土	$0 < N \leqslant 10$	0.6~1.0	1.0~1.4	1.5~2.0
	$11 < N \leqslant 20$	0.5~0.9	0.9~1.3	1.2~1.8
	$21 < N \leqslant 30$	0.4~0.8	0.8~1.2	0.9~1.5

旧桥地基用旋喷法加固的设计计算按下述方法进行。

1. 旋喷注浆法加固危及正常使用的地基的设计计算

（1）加固前地基承载力的估算。

加固前除收集有关工程设计所必需的各项资料外，还应对工程的病害历史和现状进行调查分析。根据病害发生、发展程度，推算出现有地基的承载力。

如现有地基承受的荷重为 W_1，基础面积为 A，则基础底面现有应力 σ 为：

$$\sigma = \frac{W_1}{A} \tag{4-1}$$

由于基础已发生下沉并危及正常使用，因此地基的现有应力必然已超过地基的极限承载力（基础底部或其下卧层），则地基实有的极限承载力 σ_0 肯定较 σ 值小，则

$$\sigma_0 = \alpha\sigma \tag{4-2}$$

α 称作现有地基支承系数（$\alpha < 1.0$），视病害程度，α 取 0.8~0.95。对下沉速度很慢或已基本稳定的地基，加固后原土层的极限承载力，建议取 $\sigma_0 = 0.95 W_1/A$；对下沉速度很快或正在迅速发展的地基，可取 $\sigma_0 = 0.8 W_1/A$。一般情况介于两者之间。

（2）用地质钻探的方法确定基岩或硬层的深度，确定旋喷固结体的性质。若基岩较浅，可设计为端承桩；若基岩较深，则可设计成摩擦桩。

（3）在现场选取各层土样，按加固需要和现场可能达到的水泥、水、土三者之比进行配方试验，确定固结体的材料强度。

（4）计算加固所必需的固结体的总面积 $A_桩$：

$$A_桩 = \frac{W_1 - \sigma_0 A}{\dfrac{\sigma_桩}{K_1} - \sigma_0} \tag{4-3}$$

式中：K_1——桩的安全系数，一般按桩基采用，$K_1 = 2.0$。

也可使用正常的地基加固检算方法：

$$A_桩 = \frac{K_2 W_1 - \sigma_0 A}{\sigma_桩 - \sigma_0} \tag{4-4}$$

式中：K_2——地基承载安全系数，建议取 $K_2 = 1.15$~1.3。

（5）加固总面积 $A_桩$ 求得之后，可用试桩或经验公式法确定旋喷固结体的有效直径 D。

如采用单管法，对 $0 < N \leqslant 5$ 的黏性土：

$$D = 1.3 \times \left(\frac{1}{2} - \frac{N^2}{200}\right) \tag{4-5}$$

对 $5 < N \leqslant 15$ 的砂土：

$$D = \frac{350 + 10N - N^2}{770} \tag{4-6}$$

式中：D——有效直径，m；

N——土体标准贯入击数。

从而计算出旋喷桩桩数 m：

$$m = \frac{A_{桩}}{F} = \frac{4A_{桩}}{\pi D^2} = 1.273\frac{A_{桩}}{D^2} \tag{4-7}$$

（6）进行孔位布置。

旋喷桩一般取偶数，孔位宜对称布置，均匀分布，以保证地基受力均匀。如由于特殊原因不能均匀布置，应经评估后确定布置方案。

2. 加固未发生病害而为提高荷载等级的地基的设计计算

（1）对原有墩台基础的承载力估算：一是按地质钻探或土工试验所给出的土体极限强度 σ_0 估算；二是依据相关规范提出的"经过多次压实、未受破坏的旧桥基"允许承载力可提高（提高系数为 1.25~1.5）的方法估算。

（2）定出桥梁将来使用时所需支承的最大荷重 $W_{最大}$。

（3）标出现在加固前地基所承受的荷重 $W_{现在}$。

（4）假定加固后结构新增加的荷重由全部固结体承受，则

$$W_{桩} = W_{最大} - W_{现在} \tag{4-8}$$

（5）加强所需桩柱的总面积。

$$A_{桩} = \frac{K_3(W_{最大} - W_{现在})}{\sigma_{桩}} \tag{4-9}$$

式中：K_3——加固固结体的安全系数，建议取 $K_3 = 2.0$。

$\quad\quad \sigma_{桩}$——固结体的抗压极限强度，按配方试验或现场承载力试验确定。

（6）总面积确定后，即可决定固结体的有效直径 D（方法同前）。

（7）决定桩数。

$$m = \frac{1.273A_{桩}}{D^2} \tag{4-10}$$

（8）进行桩位布置。

4.1.5　施工设备

高压旋喷主要设备机具有：地质成孔设备，搅拌制浆设备，供气、供水、供浆设备，喷射注浆设备。地质成孔设备包括地质钻机、潜孔钻机、冲击回转钻机、水井磨盘钻机、振冲设备等。搅拌制浆设备包括搅灌机、搅拌机、灰浆搅拌机、泥浆搅拌机、高速制浆设备等。供气、供水、供浆设备包括空压机、高压水泵、高压泥浆泵、中压泥浆泵、灌浆泵等。喷射注浆设备包括注浆泵、喷具等。图 4-3 为部分施工设备及机具图片。

4.1.6　施工要点

高压旋喷注浆施工前，应对照设计图纸，核实设计孔位处有无妨碍施工和影响安全的障碍物。如遇有上水管、下水道、电缆线、煤气管、人防工程、旧建筑基础和其他地下埋设物等障碍物影响施工时，则应与有关单位协商搬移障碍物或更改设计孔位。

由于高压旋喷注浆的压力越大，处理地基的效果越好，因此单管法、二重管法及三重管法的高压水泥浆液流或高压射水流的压力宜大于 20 MPa，气流的压力以空气压缩机的最大压力为限，通常在 0.7 MPa 左右，低压水泥浆的灌注压力，宜在 1.0 MPa 左右，提升速度为

(a) 滑撬式旋喷钻机　　　　　(b) 履带式旋喷钻机　　　　　(c) 泥浆泵(上)、高压泥浆泵(下)

(d) 单重管喷具　　　　(e) 双重管喷具　　　　(f) 三重管喷具　　　　(g) 灰浆搅拌机

图 4-3　旋喷注浆加固设备

0.1~0.25 m/min，旋转速度可取 10~20 r/min。

高压旋喷注浆的主要材料为水泥，对于无特殊要求的工程宜采用 32.5 或 42.5 普通硅酸盐水泥。根据需要，可在水泥浆液中分别加入适量的外加剂和掺和料，以改善水泥浆液的性能，如：常用的速凝早强剂有水玻璃、氯化钙、三乙醇胺等；悬浮剂有膨润土，或膨润土加碱等；防冻剂有沸石粉、三乙醇胺和亚硝酸钠等。掺和料多用粉煤灰(粉煤灰需磨细)。所用外加剂或掺和剂的数量，应通过室内配比试验或现场试验确定。当有足够实践经验时，亦可按经验确定。旋喷注浆的材料还可以选用化学浆液，但因费用昂贵，工程应用相对较少。

水泥浆液的水灰比越小，高压旋喷注浆处理地基的强度越高。在生产中由于注浆设备的原因，水灰比小于 0.8 时，喷射有困难，故水灰比取 1.0~1.5 比较合适，生产实践中通常采用 1.0。由于生产、运输和保存等方面的原因，有些水泥厂的水泥成分不够稳定、质量波动较大，可导致高压旋喷水泥浆液凝固时间过长，固结强度降低。因此事先应对各批水泥进行检验，检验合格后才能使用。对拌制水泥浆的用水，只要符合混凝土拌和标准即可使用。

高压旋喷注浆的主要施工工序为：放线定位、钻机就位、钻孔、插管、喷射作业、冲洗。施工过程如图 4-4 所示。

具体的施工操作要点有：

(1)前期准备：在进行高压旋喷桩施工前，首先需要进行前期准备工作。包括确定施工现场、清理施工区域、搭建施工平台和安装施工设备等。施工现场的选择需考虑地质情况、周边环境和施工条件等因素，确保施工安全和效率。

(2)钻孔：钻孔是高压旋喷桩施工的关键步骤之一。首先根据设计图纸测量、确定桩位

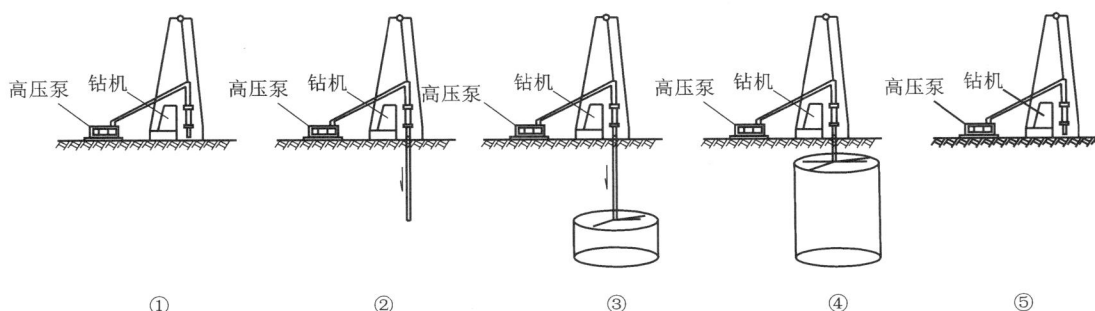

图 4-4　高压旋喷注浆施工过程示意图

并标记，然后安装旋挖钻机进行钻孔。钻孔过程中，要及时清理孔内的泥浆和岩屑，确保孔壁的稳定性和垂直度。

（3）喷射：喷射前要检查高压设备和管路系统，其压力和流量必须满足设计要求。注浆管及喷嘴内不得有任何杂物。注浆管接头的密封性能必须良好。垂直施工时，钻孔的倾斜度一般不得大于 1.5%。在插管和喷射过程中，要注意防止喷嘴被堵，在拆卸或安装注浆管时动作要快。水、气、浆的压力和流量必须符合设计值，否则要拔掉清洗再重新进行插管和旋喷。使用双喷嘴时，若一个喷嘴被堵，则可采取复喷方法继续施工。喷射时，要做好压力、流量和冒浆量的量测工作，并按要求逐项记录。钻杆的旋转和提升必须连续不中断。拆卸钻杆继续旋喷时，要注意保持钻杆有 0.1 m 的搭接长度，不得使喷射固结体脱节。深层旋喷时，应喷浆后即旋转与提升，以防注浆管扭断。搅拌水泥时，水灰比要按设计规定，不得随意更改，旋喷过程中应防止水泥浆沉淀，使浓度降低。禁止使用受潮或过期的水泥。

（4）清洗：施工完毕，立即拔出注浆管，彻底清洗注浆管和注浆泵，管内不得有残存水泥浆。

（5）质量检验：需要对施工完成的旋喷桩进行质量检验。包括对桩体的密实性、强度和垂直度等进行检测，确保桩体符合设计要求和施工标准。

当高压旋喷注浆过程中出现下列异常现象时，需查明原因并采取相应措施：

（1）流量不变而压力突然下降时，应检查各部位的泄漏情况，必要时拔出注浆管，检查密封性能。

（2）出现不冒浆或断续冒浆的情形时，若系土质松软，则视为正常现象，可适当进行复喷；若系附近有空洞、通道，则应不提升注浆管继续注浆直至冒浆为止或拔出注浆管待浆液凝固后重新注浆。

（3）出现大量冒浆且压力稍有下降的情形时，可能系注浆管被击穿或有孔洞，使喷射能力降低。此时应拔出注浆管进行检查。

（4）压力陡增超过最高限值，流量为零，停机后压力仍不变动时，可能系喷嘴堵塞。应拔管疏通喷嘴。

当高压旋喷注浆完毕后，或在喷射注浆过程中因故中断，短时间（小于或等于浆液初凝时间）内不能继续喷浆时，均应立即拔出注浆管清洗备用，以防浆液凝固后拔不出管来。每孔旋喷注浆完毕后可进行封孔。

为防止因浆液凝固收缩而产生加固地基与建筑基础不密贴或脱空现象，可采取超高旋喷（旋喷处理地基的顶面超过建筑基础底面，其超高量大于收缩高度）、回灌冒浆捣实或第二次注浆等措施。

高压旋喷注浆处理地基时，在浆液未硬化前，有效喷射范围内的地基因受到扰动而强度降低，容易产生附加变形，所以在处理既有建筑物地基或在邻近既有建筑旁施工时，应防止施工过程中在浆液凝固硬化前的建筑物附加下沉。通常采用控制施工速度、顺序和加快浆液凝固时间等方法防止或减小附加变形。

4.1.7 工序质量控制与加固工程质量检验评定方法

高压旋喷注浆质量控制内容包括：固结体的整体性和均匀性、固结体的有效直径、固结体的垂直度、固结体的强度特性、固结体的溶蚀和耐久性能等。

选定质量检验方法时，应根据机具设备条件因地制宜。旋喷桩质量检验宜在喷射注浆结束 28 d 后进行，可根据工程要求和当地经验采用开挖检查、取芯（常规取芯或软取芯）、标准贯入试验、荷载试验或围井注水试验等方法进行检验，并结合工程测试、观测资料及实际效果综合评价加固效果。检验点的数量为施工孔数的 1%，并不少于 3 点。竖向承载旋喷桩的承载力检验应采用复合地基荷载试验和单桩荷载试验，试验宜在成桩 28 d 后进行。检验数量为桩总数的 0.5%~1%，且每项单体工程不应少于 3 点。

【例】 某铁路大桥，上部结构为 16 m 跨钢筋混凝土简支梁，下部结构为单肢圆柱墩，基础设计为扩大基础。基础持力层为中砂、粗砂层，设计基本承载为 200 kPa，土体标准贯入击数为 8，桥墩基础尺寸为 4.4 m × 6.2 m，设计单墩荷载为 5000 kN。在运营一段时间后部分墩产生了不同程度沉降，需要加固，加固方案选择高压旋喷桩，试计算旋喷桩根数。

【解】

（1）基础底面现有应力：

$$\sigma = \frac{W_1}{A} = \frac{5000}{4.4 \times 6.2} = 183.28 \text{ kPa}$$

（2）地基实有的极限承载力 σ_0：

根据现场情况综合考虑 α 取 0.85。

$$\sigma_0 = \alpha\sigma = 0.85 \times 183.28 = 155.79 \text{ kPa}$$

（3）加固所必需的固结体的总面积：

K_1 取 2.0，$\sigma_{桩}$ 取 500 kPa。

$$A_{桩} = \frac{W_1 - \sigma_0 A}{\dfrac{\sigma_{桩}}{K_1} - \sigma_0} = \frac{5000 - 155.79 \times 4.4 \times 6.2}{\dfrac{500}{2} - 155.79} = 7.96 \text{ m}^2$$

（4）确定旋喷固结体的有效直径：

$$D = \frac{350 + 10N - N^2}{770} = \frac{350 + 10 \times 8 - 8 \times 8}{770} = 0.48 \text{ m}$$

D 取整数 0.5 m。

（5）旋喷桩根数：

$$m = \frac{A_桩}{F} = \frac{4A_桩}{\pi D^2} = \frac{1.273A_桩}{D^2} = \frac{1.273 \times 7.96}{0.5^2} = 40.53 \text{ 根}$$

m 取整数 40 根。

综上，本次加固选择 40 根直径 0.5 m 的旋喷桩，沿基础长边布置 12 根，短边 8 根，满足设计要求。

4.2　扩大基础底面积加固法

4.2.1　特点及适用条件

桥梁基础增大基础底面积加固法适用于基础承载力不足或埋置太浅，而墩台又是砖石或混凝土刚性实体基础时的情况。当构造物基础具有较大的不均匀沉降，并且地基土质比较坚实时，可以采用该法进行加固。而对于扩大部分基础底部地基承载力不足的问题，可采取在扩大部分基础下打入一定数量的桩以提高地基承载力，桩的数量根据地基变形计算来加以确定。

在刚性实体式基础周围加石砌圬工或混凝土，可扩大基础的承载面积，如图 4-5 所示。扩大基础底面积加固法的施工比较简单，其缺点是必须使新老基础连成一体以共同承受上部荷载，加固费用较高，且加固效果也不易控制。

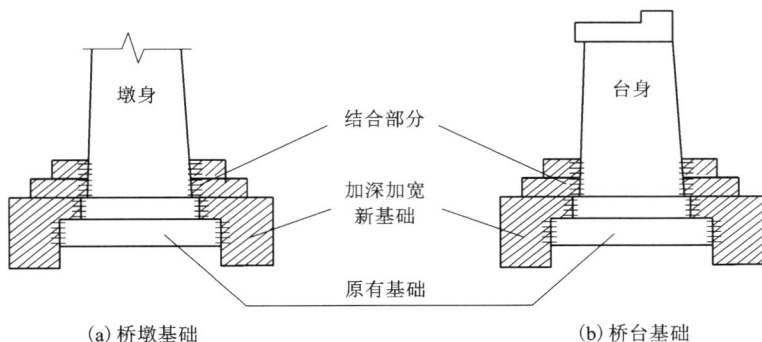

图 4-5　墩台扩大基础底面积加固法

4.2.2　设计计算

扩大基础底面积由地基强度检算确定。在计算时，根据《铁路桥涵地基和基础设计规范》（TB 10093—2017）规定，既有墩台的地基经多年运营被压密，其基本承载力可予以提高，但提高值不应超过 20%。在扩大基础底面积后，应能使墩台基底的单位压力减小到地基所能承受的允许应力范围之内。当地基强度满足要求而缺陷仅仅表现为不均匀沉降变形过大时，采用扩大基础底面积的加固,主要由地基变形计算来加以确定。

4.2.3　施工工序

墩台扩大基础底面积加固的施工顺序如下:

(1)在加宽的范围内打板桩围堰,如墩台基础土壤不好时,应做必要的加固。

(2)开挖围堰内的土体至必要的深度,施工时应注意墩台的安全。

(3)将围堰内积水抽干。

(4)按照设计要求,在原墩台侧面凿孔并植入锚固钢筋。

(5)立模,浇筑混凝土并养护至设计强度。

4.2.4　构造措施

扩大墩台基础加固主要注意新老基础应结合牢固,以防止发生裂缝,并且加固后能扩大基础与原结构的共同受力。其具体措施如下:

(1)将旧墩台基础混凝土侧面凿毛,然后注入新加部分的混凝土。

(2)若原墩身、台身为浆砌片石砌体,则可将原墩身、台身对应于新加部分的一面拆除表层的一部分石块,然后砌新砌体,使新旧砌体相互咬合。

(3)有条件的可制作一个强劲的钢筋混凝土箍把新旧两部分统一箍紧,在其新旧结合处附近局部加设加强钢筋,以保证该处不会产生裂缝。

4.2.5　工序质量控制与加固工程质量检验评定方法

(1)工序质量控制。

严格按照施工工序及构造措施要求来保证施工质量,加固施工的质量控制按《铁路桥涵施工技术规范》要求进行,重点控制旧基础混凝土凿毛和新旧混凝土结合施工。

(2)加固工程质量检验评定方法。

基本要求:所用材料的种类、型号、规格、数量和质量应符合有关规范及设计要求;按设计要求的程序进行施工。

实测项目:参照《铁路桥涵工程施工质量验收标准》(TB 10415—2018)相关规定进行检验评定。

4.3　增设桩基加固法

4.3.1　特点及适用条件

当基础承载力不够时,为提高承载力,对桩式基础可增设桩基(钻孔桩或打入桩)并扩大原承台,使墩台的压力部分传递至新桩基。在桩式基础的周围补加钻孔桩或打入钢筋混凝土预制桩并扩大原承台,并将承台与桩顶连接在一起,以此提高基础承载力,增加基础稳定性,这种方法叫增设桩基加固法,如图4-6所示。这种加固方法的优点是不需要抽水筑坝等水下施工作业,且加固效果显著;其缺点是需搭设打桩架和开凿桥面,对桥头原有架空线路及陆上、水上交通均有一定影响。

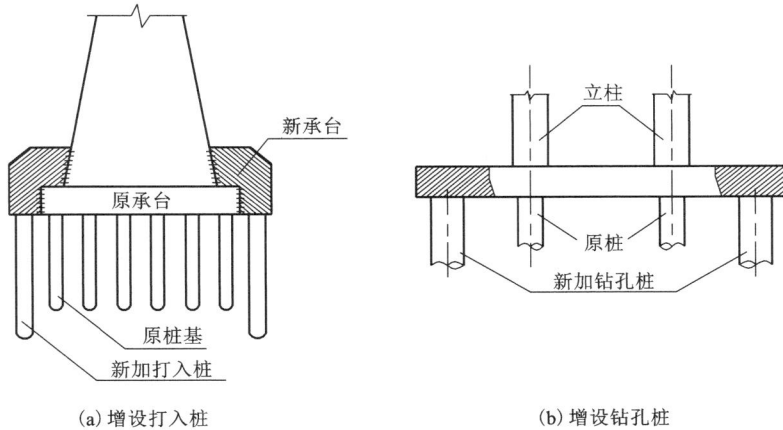

（a）增设打入桩　　　　　　　　　　（b）增设钻孔桩

图 4-6　增设桩基法

增设桩基的加固方法适用于以下情形：

（1）当桥梁采用桩基础时，通过增加桩的数量来扩大承台面积，提高基础承载力；

（2）桥梁墩台基底下有软弱层，墩台发生沉陷，而桩的深度不足；

（3）由于风蚀、水蚀或冲刷等，桩基外露或发生倾斜时。

4.3.2　附加影响

采用增设桩基法加固时，还会带来一些附加影响，主要有以下几点：

（1）增加的桩基会引起河床过水断面面积减少，从而引起水流速度加大，这样将会加剧水对原有桩基的冲刷。

（2）通航净跨因增加桩基而减小。

（3）在桩间加桩时，较小的桩基中距对桩基的承载力有一定影响。

（4）基础的整体性由于新旧桩基及承台的连接将有所降低。

4.3.3　力学特点

桥梁荷载通过桩基础传递给地基，垂直荷载一般由桩底土层抗力和桩侧与土产生的摩阻力来支承，水平荷载一般由桩和桩侧土的水平抗力来支承。由于地基土的分层及物理力学性质不同，桩的尺寸和设置与在土层中的方法有所不同，都会影响桩的受力状态。从桩的受力上分析，增设桩基加固法中常采用摩擦桩和嵌岩桩两种桩基形式。

摩擦桩主要依靠桩侧土的摩阻力支承垂直荷载，桩底土层抗力也支承部分垂直荷载。在设计范围内摩擦桩的桩周摩阻力总是首先充分发挥作用，而这时桩尖阻力仅占很小一部分。桩侧极限摩阻力的大小不仅与桩侧土层和成桩工艺有关，而且与桩的入土深度有关。当桩的入土深度超过一定深度后，桩侧摩阻力不再随深度增加而增大，呈现临界深度，临界极限摩阻力大约在 25 m 深处发生。

嵌岩桩一般专指桩底直接支承在基岩上的桩，桩的沉降甚微，桩侧摩阻力可忽略不计，全部垂直荷载由桩底岩层抗力承受。

4.3.4 设计计算

（1）单桩容许承载力的确定。

采用增补桩基加固法加固旧桥，上部荷载（桥跨自重及列车活载）和扩大的承台自重将有相当一部分由补桩传递到持力层及其以下的土层中，从而使原本承载力不足的基础（如由于机车车辆提载引起基础所受的荷载增加）能够满足要求。正确地确定单桩的容许承载力就显得非常重要，同时，正确的单桩容许承载力是合理确定补桩数量和补桩长度必须且重要的依据。单桩容许承载力的确定已经有比较成熟的计算公式，可以直接采用。对于摩擦桩单桩轴向容许承载力的确定可采用式（4-11）计算。

钻（挖）孔灌注桩的容许承载力：

$$[p] = \frac{1}{2} U \sum f_i l_i + m_0 A [\sigma] \tag{4-11}$$

式中：$[p]$——桩的容许承载力，kN；

$\quad U$——桩身截面周长，按设计桩径计算，m；

$\quad f_i$——各土层的极限摩阻力，kPa，按《铁路桥涵地基和基础设计规范》（TB 10093—2017）表6.2.2-5确定；

$\quad l_i$——各土层的厚度，m；

$\quad A$——桩底支承面积，按设计桩径计算，m^2；

$\quad [\sigma]$——桩底地基土的容许承载力，kPa。

$\quad m_0$——桩底支承力折减系数，钻孔灌注桩桩底支承力折减系数可按《铁路桥涵地基和基础设计规范》（TB 10093—2017）表6.2.2-6确定，挖孔灌注桩桩底支承力折减系数可根据具体情况确定，一般取 $m_0 = 1.0$。

打入、震动下沉桩的容许承载力：

$$[p] = \frac{1}{2} \left(U \sum a_i f_i l_i + \lambda A R \alpha \right) \tag{4-12}$$

式中：a_i、α——震动下沉桩对各土层桩周摩阻力、桩底承压力的影响系数，按《铁路桥涵地基和基础设计规范》（TB 10093—2017）表6.2.2-1确定，对于打入桩，其值为1.0；

$\quad \lambda$——系数，按《铁路桥涵地基和基础设计规范》（TB 10093—2017）表6.2.2-2确定。

$\quad f_i$、R——桩周土的极限摩阻力、桩尖土的极限承载力，kPa，可根据土的物理性质查《铁路桥涵地基和基础设计规范》（TB 10093—2017）表6.2.2-3、表6.2.2-4确定，或采用静力触探试验测定。此时

$$f_i = \beta_i \bar{f}_{si} \quad \text{和} \quad R = \beta \bar{q}_{ci} \tag{4-13}$$

式中：$\bar{f}_{si}$——为桩侧第 i 层土经静力触探测得的平均侧摩阻力，kPa，当 $\bar{f}_{si} < 5$ kPa 时，可取 5 kPa。

$\quad \beta$——桩侧摩阻力。

$\quad \beta_i$——桩侧摩阻力综合修正系数，按下列判别标准选用相应的计算公式（不适用于以城

市杂填土为主的短柱；在黄土地区时应做试桩校核）：当桩侧第 i 层土的 $\bar{q}_{ci} >$ 2000 kPa 且 $\bar{f}_{si}/\bar{q}_{ci} \leqslant 0.014$ 时，$\beta_i = 5.067(\bar{f}_{si})^{-0.45}$；当不满足上述的 $\bar{q}_{ci}$ 和 $\bar{f}_{si}/\bar{q}_{ci}$ 条件时，$\beta_i = 10.045(\bar{f}_{si})^{-0.55}$。

$\bar{q}_{ci}$——对应于 $\bar{f}_{si}$ 土层的桩侧触探平均桩端阻力。

（2）桩的沉降计算。

在竖直荷载 N 作用下，桩顶的沉降 S 由三部分组成，即桩身混凝土的压缩 S_c、桩底岩土的变形 S_r 和沉渣的压缩 S_s 组成，即

$$S = S_c + S_r + S_s \tag{4-14}$$

设桩身混凝土、桩底岩土和沉渣均处于线性变形状态，并已知桩周的摩阻力 $N_f = \pi d \sum l_i f_i$ 和桩底岩土的抗力 N_b，且 $N = N_f + N_b$，则

$$S_c = \frac{(N + N_b)l}{2AE_c} = \frac{pl}{E_c}\left(1 - \frac{1}{2}\frac{N_f}{N}\right) = \frac{pl}{E_c}\left(1 - \frac{1}{2}\eta\right)$$

$$p = \frac{N}{A}, \quad \eta = \frac{N_f}{N}$$

式中：A——桩身截面积；

l——桩长；

η——桩的效率系数；

E_c——混凝土弹性模量。

$$S_r = \frac{N_b d_b (1 - \gamma_r^2) \times 0.79}{A_b E_r}$$

式中：E_r——桩底岩土变形模量；

γ_r——岩土的泊松比；

A_b——桩底截面积；

d_b——桩底直径。

当没有扩大桩头时：

$$S_s = \frac{pd(1 - \gamma_r^2) \times 0.79}{E_r}(1 - \eta)$$

式中：p——桩的承载力；

d——桩的直径。

（3）群桩的承载力。

在计算时，可把单桩承载力折算成群桩的承载力，用 Converse-Labarre 公式做近似计算。群桩的效率系数为：

$$\eta = \frac{群桩的极限承载力}{n \times 单桩的极限承载力}$$

效率系数 η 按下式计算：

$$\eta = 1 - \frac{\arctan\left(\dfrac{d}{s}\right)}{90°} \times \frac{(n-1)m + (m-1)n}{mn} \tag{4-15}$$

式中：η——群桩的效率系数；

      d——桩的直径，m；

      s——桩的中心距，m；

      m——群桩中桩列的数目；

      n——一个桩列的桩数。

（4）加桩沉降控制。

①不同桩型下的沉降计算荷载分配。

在同一基础中，设有两种以上的桩型，如图 4-6 所示。由于单桩承担的荷载与该桩的材料性能、桩身的规格尺寸及桩的入土情况等因素有关，而这些因素又综合反映在单桩设计承载力上，按单桩设计承载力来分配沉降、计算荷载是较合理的。

设 1 号，2 号，3 号，…，n 号桩的单桩设计承载力分别为 R_1，R_2，R_3，…，R_n，作用于桩基承台上的荷载为 P，则 1 号，2 号，3 号，…，n 号桩分担的沉降计算荷载 Q_i 分别为：

$$Q_i = \frac{PR_1}{\sum\limits_{n=1}^{i} R_i} \quad (i = 1, 2, 3, \cdots, n) \tag{4-16}$$

②群桩沉降量的计算。

按简单叠加法原理即可计算群桩在各自计算荷载作用下引起的作用于土层上的竖向附加应力。可按下式计算：

$$\sigma_z = \sum_{i=1}^{k} \left[\alpha_i I_{pi} + (1 - \alpha_i) I_{si} \right] \frac{Q_i}{L_i} \tag{4-17}$$

式中：Q_i、L_i——第 i 根桩的沉降计算荷载、桩长；

    α_i、$(1-\alpha_i)$——第 i 根桩的桩端阻力、桩侧摩阻力占沉降计算的荷载比，α_i 可近似按单桩的端阻比取值；

    I_{pi}、I_{si}——第 i 根桩的桩端阻力、桩侧摩阻力对计算点的应力影响系数，其与桩侧摩阻力沿桩身分布形式有关。

由不同桩型组成的群桩基础沉降仍按单向压缩分层总和法来计算，则基础平面某点的压缩变形量 s 为：

$$s = \sum_{t=1}^{T} \frac{1}{E_{st}} \sum_{i=1}^{n} \sigma_{ztl} \Delta H_{tl} \tag{4-18}$$

式中：T——沉降计算的土层压缩总数，沉降计算范围包括自桩顶平面向下整个地层中的附加应力不小于土层自重应力 10% 的区段；

    E_{st}——第 t 层土在自重应力至自重应力与附加应力共同作用时的压缩模量；

    n——t 层土的单向压缩计算分层总数；

    ΔH_{tl}——t 层土的第 l 个分层的层厚；

    σ_{ztl}——t 层土的第 l 个分层处土层的竖向附加应力，由式(4-17)得到。

墩台基础的沉降计算控制值：对于外静定结构，有砟桥面工后沉降量不得超过 80 mm，相邻墩台均匀沉降量之差不得超过 40 mm；明桥面工后沉降量不得超过 40 mm，相邻墩台均匀沉降量之差不得超过 20 mm。

4.3.5　构造措施

（1）桩的构造、布置和中距。

①钻孔桩设计直径（钻头直径）不宜小于 80 cm。

②混凝土强度等级，钻（挖）孔灌注桩按计算需要配筋的桩，桩身混凝土强度等级不得低于 C30；按计算不需要配筋的桩，桩身混凝土强度等级可采用 C25～C30。

③钢筋混凝土沉桩的桩身配筋应按运输、沉入和使用各阶段内力要求通长配筋。桩的两端或接桩区箍紧或螺旋筋的间距需加密。

④加桩与原桩可采用对称布置。

⑤采用摩擦桩时，钻孔灌注桩中心距不得小于 2.5 倍成孔直径，打入桩在桩尖处的中心距不得小于 4 倍桩径，且在承台底面处的中心距均不得小于 1.5 倍桩径。

⑥采用柱桩时，桩基中心距不宜小于 2.5 倍桩径。

⑦边桩外侧与承台边缘的距离，对于直径≤1 m 的桩，不得小于 0.5 倍桩径且不小于 25 cm；对于直径>1 m 的桩，不得小于 0.3 倍桩径且不小于 50 cm。

（2）混凝土承台的新旧连接。

加桩时，可以扩大原来承台尺寸或在原有承台上再加一层新承台，把上部传下来的荷载通过新承台传递到新桩。为使上部荷载由墩身很好地传递给新建承台，可在新建承台与既有承台接触范围内，将原承台凿成锯齿状剪力键，设置钎钉，如图 4-7 所示；也可采用植筋法连接新老承台，即通过植入的钢筋承接和传导弯矩及剪力，使新旧混凝土形成有机整体，以达到扩大原承台尺寸的目的。

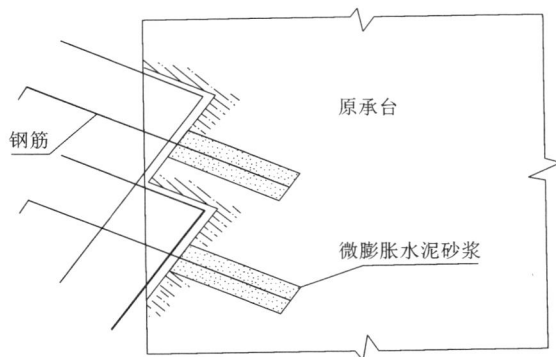

图 4-7　混凝土承台连接剪力键示意

为加强新旧混凝土的结合，应把原承台有蜂窝、空洞、缺陷部分尽可能凿除，并对新承台下的加桩顶部分进行凿毛处理，使之露出新鲜混凝土，让混凝土表面保持湿润、清洁，在完成以上工作后，立即在钢筋及其周围的混凝土上涂抹一层水泥浆液或其他胶黏剂，把浆液仔细地刷入混凝土内并均匀地刷到钢筋上，同时，趁涂抹的浆液尚未凝固，立即浇筑新的混凝土。

4.3.6 工序质量控制与加固工程质量检验评定方法

（1）工序质量控制。

严格按照施工工序及构造措施要求来保证施工质量，加固施工的质量控制按《铁路桥涵施工技术规范》要求进行，重点控制桩基础和承台的施工。

（2）加固工程质量检验评定方法。

①基本要求：所用材料的种类、型号、规格、数量和质量应符合有关规范及设计要求；按设计要求的程序进行施工。

②实测项目：按照《铁路桥涵工程施工质量验收标准》（TB 10415—2018）相关规定进行检验评定。

4.4 墩台结构维修加固

4.4.1 一般规定

当桥梁上部结构维修加固（并导致结构体系发生变化或重量增加）和列车活载作用标准提高时，应对桥梁墩台的承载力（包括强度、稳定性）、变形等进行检算，若不满足使用要求，应进行必要的加固。

受力分析时，应考虑结构的实际有效截面面积和结构强化时的实际受力特点，确保强化部分与原结构共同作用。当墩台存在局部损伤时，加固前应先处理裂缝、缺陷等病害。铁路桥梁墩台加固宜对称进行。

桥梁标准桥墩主要有单圆柱墩、矩形板式墩、圆端形板式墩、单线圆形墩、双线矩形墩、双线圆端形墩、双线圆端形空心墩、双线双柱形墩、双线矩形墩、双线双圆柱墩。桥梁标准桥台一般为 T 形桥台。采用 T 形桥台时，由于结构受力不是设计控制因素，一般不需要加固。

4.4.2 增大墩柱截面法

该加固方法增大墩柱混凝土截面和增加配筋后，使新老混凝土结合在一起，共同受力。具体做法是在墩柱表面加大混凝土接触面积，增加受力钢筋，使其与原墩柱截面结合成整体，从而增大墩柱有效高度和受力钢筋面积，增加墩柱的刚度，提高墩柱整体承载力。

这种加固方法广泛应用于不同类型的桥墩加固。采用该加固方法，桥墩受力明确，计算简单方便，加固后桥墩的强度、刚度、稳定性得到明显提高，裂缝可以得到修补，加固效果显著，施工方法便利，在桥下施工，基本上不影响交通，加固工作量小，不影响原有桥梁的整体效果。

加大墩柱截面时，桥墩自重会增加，对桥墩基础承载力及沉降有一定的影响。

1. 材料要求

（1）优先选用早强砂浆和早强混凝土或膨胀混凝土。

（2）配制混凝土用的石子宜用坚硬耐久的卵石或碎石，其最大粒径不宜大于 20 mm。

（3）当采用钢筋补强时，纵向受力钢筋的直径不宜小于 12 mm；封闭式箍筋直径不宜小于 8 mm。U 形箍筋直径宜与原有箍筋直径相同。

2. 设计计算

当采用型钢和钢板补强时，应将其和原结构的钢筋进行联结，或采用锚栓与原结构联系，切实保证力的有效传递和能够与原结构一起共同受力。

当用增大墩柱截面法加固桥墩时，应按照《铁路桥涵混凝土结构设计规范》（TB 10092—2017）偏心受压构件有关公式进行其正截面承载力计算。其中新增混凝土和纵向钢筋的强度设计值应按下列规定予以折减：

（1）受压区新增混凝土和纵向钢筋的抗压强度设计值乘以 0.9 的系数；

（2）受拉区新增纵向钢筋的抗拉强度设计值乘以 0.9 的系数。

3. 施工工序

（1）为了加强新、旧混凝土的结合，应对原墩柱混凝土存在缺陷的位置清理至密实部位，并将墩柱表面凿毛，要求打成麻坑或沟槽，沟槽深度不宜小于 6 mm，间距不宜大于箍筋的间距或 200 mm。

（2）当采用截面外包方法加固墩柱时，应将墩柱的棱角敲掉，同时应除去浮砟、尘土。

（3）原有混凝土表面应冲洗干净，浇筑混凝土前，原混凝土表面应以水泥浆等界面剂进行处理，以加强新、旧混凝土的结合。

（4）外包混凝土加固法施工不如整体混凝土结构浇筑施工方便，必须采取措施，保证模板搭设、钢筋安置，以及新混凝土的浇筑和振捣的质量，以达到混凝土密实要求。同时应加强新浇混凝土的养护，养护期最好在 14 d 以上。

4. 构造措施

（1）采用增大墩柱截面法加固桥墩时，新浇混凝土的最小厚度不应小于 20 mm，并采用短筋焊接连接；箍筋应采用封闭式或 U 形箍筋。

（2）加固的受力钢筋与原结构的受力钢筋的净距不应大于 20 mm，并采用短筋焊接连接；箍筋应采用封闭式或 U 形箍筋。

（3）加固的受力钢筋与原结构的受力钢筋采用短筋焊接时，短筋的直径不应小于 20 mm，长度不小于 $5d$（d 为新增纵筋和原有纵筋直径的最小值），各短筋的中心距不大于 500 mm。

（4）当采用单侧或双侧加固时，应设置 U 形箍筋。U 形箍筋应焊在原有箍筋上，单面焊缝长度为 $10d$，双面焊缝为 $5d$（d 为 U 形箍筋直径）。

5. 工序质量控制与加固工程质量检验评定方法

（1）工序质量控制。

严格按照施工工序及构造措施要求来保证施工质量，结合《铁路桥涵施工技术规范》重点检查和控制结合面处理、钢筋焊接、混凝土浇筑及养护等，确保新旧混凝土能够共同受力。

（2）维修加固工程质量检验评定方法。

①加固所用材料的种类、型号、规格、数量和质量应符合有关规范及设计要求；

②按设计要求的程序施工,结合面的处理、混凝土的浇筑和养护应符合设计要求;

③按设计要求对缺陷进行修补;

④实测项目按照《铁路桥涵工程施工质量验收标准》(TB 10415—2018)相关规定进行检验评定。

4.4.3 增加横向连接、增大截面法

当墩台地基安全性能好,并具有承载力,桥墩结构也基本完好,但其横向刚度较弱,承载力不能满足要求时,通过在两墩柱之间增设系梁以增强横向连接、提高桥墩的横向刚度,墩柱表面加大混凝土接触面积,增加受力钢筋,使其与原墩柱截面结合成整体,从而增大墩柱有效高度和受力钢筋面积,增加墩柱的刚度,提高墩柱整体承载力。这种加固方法广泛应用于横向刚度较弱的单圆柱墩、板式桥墩加固。增设系梁、加大墩柱截面时,桥墩自重会增加,对桥墩基础承载力及沉降有一定的影响。采用该加固方法,桥墩受力明确,计算简单方便,加固后桥墩的强度、横向刚度、稳定性得到明显提高,裂缝可以得到修补,加固效果显著,施工方法便利,在桥下施工,基本上不影响交通,加固工作量小,不影响原有桥梁的整体效果。

1. 材料要求

(1)强度应不低于原混凝土。新混凝土应为早强、高强,1~3 d 抗压强度可为 20 MPa 以上;自流性高,可填充全部空隙;具有微膨胀性,灌浆后无收缩,黏结强度高;耐久性强,在反复动载作用下,使用寿命大于原混凝土的使用寿命。

(2)配制混凝土用的石子宜用坚硬耐久的卵石或碎石,其最大粒径不宜大于 20 mm。

(3)当采用钢筋补强时,纵向受力钢筋的直径不宜小于 12 mm;封闭式箍筋直径不宜小于 8 mm。U 形箍筋直径宜与原有箍筋直径相同。

2. 设计计算

当桥墩增设系梁、增大混凝土截面进行加固时,应按照《铁路桥涵混凝土结构设计规范》(TB 10092—2017)偏心受压构件有关公式进行其正截面承载力计算。

3. 施工工序

(1)为了加强新、旧混凝土的结合,应对原墩柱混凝土存在缺陷清理至密实部位,并将墩柱表面凿毛,要求打成麻坑或沟槽,沟槽深度不宜小于 6 mm,间距不宜大于箍筋的间距或 200 mm。

(2)当采用截面外包方法加固墩柱时,应将墩柱的棱角敲掉,同时应除去浮砟、尘土。

(3)原有混凝土表面应冲洗干净,浇筑混凝土前,原混凝土表面应以水泥浆等界面剂进行处理,以加强新、旧混凝土的结合。

(4)外包混凝土加固法施工不如整体混凝土结构浇筑施工方便,必须采取措施,保证模板搭设、钢筋安置,以及新混凝土的浇筑和振捣的质量,以达到混凝土密实要求。同时应加强新浇混凝土的养护,养护期最好在 14 d 以上。

(5)为增强横向连接,横向连接系梁的钢筋要植入既有桥墩墩身。

4. 构造措施

（1）将墩台新旧混凝土界面凿毛，然后注入新加部分的混凝土。

（2）新浇混凝土未达到终凝前不得扰动、泡水。应避免在雨天施工。

（3）植筋前，准确定出植筋的位置并做好标记，以保证植筋间距符合设计要求，并使用钢筋探测仪对植筋位置处墩台身钢筋进行探测。同时应考虑施工误差的影响，严禁钻孔植筋时损伤墩台身原有受力主筋。

（4）根据植筋的直径对照相应的孔径和孔深进行钻孔。在钻孔过程中，不得损伤墩台身结构主筋。钻孔采用专用钻孔设备，严禁损伤周围混凝土，由于植筋面构造限制，在满足技术要求的前提下，应尽量减少钻孔深度及钻孔数量，植筋深度应扣除混凝土表面剥落层及裂缝层。钻孔深度及直径应根据植筋胶具体性能确定。

（5）钻孔完毕后采用空压机将孔内灰屑吹出，用金属毛刷刷三遍、吹三遍，确保孔壁无尘。注胶时将搅拌头插入孔的底部开始注胶，逐渐向外移动，直至注满孔体积的 2/3。

（6）植筋均采用 HRB335 钢筋，应采取机械切断，端面不允许采用氧割。

（7）准备好的钢筋旋转着缓慢插入孔底，在规定的初凝时间内进行安装，使得植筋胶均匀地附着在钢筋的表面及缝隙中，待其规定的固化时间过后再进行后续施工。在固化期内禁止扰动钢筋。

（8）植筋施工应控制时机，一般宜在连接部位施工之前进行，避免植入钢筋长期暴露锈蚀，否则要采取防锈措施，必须严格保证植筋与拼接钢筋的可靠焊接。

（9）对于采用不同植筋胶施工，均应在全面施工前做植筋锚固强度等试验。

5. 工序质量控制与加固工程质量检验评定方法

同 4.4.2 节要求。

习题

1. 简述高压旋喷桩加固地基法的特点和适用条件。

2. 简述高压旋喷注浆法的基本工艺。

3. 简述高压旋喷注浆法的施工操作要点。

4. 高压旋喷注浆过程中可能出现哪些异常现象？应如何应对？

5. 简述高压旋喷注浆法质量检验评定方法。

6. 简述扩大基础底面积加固法的特点和适用条件。

7. 简述增设桩基加固法的特点和适用条件。

8. 混凝土承台的新旧连接为什么要设剪力键？

9. 墩台结构维修加固有哪些方法？

第 5 章

铁路桥梁上部结构加固方法

5.1 粘贴钢板加固法

1.粘贴钢板加固法概念

粘贴钢板加固法是采用环氧树脂系列黏结剂将钢板粘贴在钢筋混凝土结构物的受拉区域或薄弱部位，使之与结构物形成整体，用以代替需增设的补强钢筋，通过钢板与补强结构的共同作用，提高结构刚度，限制裂缝发展，改善钢筋及混凝土的应力状态，提高梁的承载力，从而达到补强效果的加固方法。如图 5-1 所示。

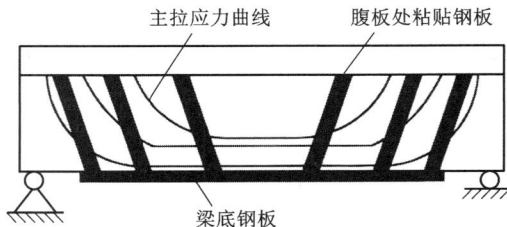

图 5-1 T 梁粘贴钢板加固示意图

用粘贴钢板来加固桥梁，在国外已得到广泛的应用，国内也有不少实例，这是因为这种加固法具有以下优点：

（1）不需要破坏被加固的原有结构物。

（2）加固工程几乎不增大原结构物的尺寸。

（3）尽管工程质量要求很高，但施工时并不要求高级的专门技术人员操作。

（4）能在短期内完成加固工程。

（5）几乎可以不改变具有历史价值建筑的原有艺术特点。

这种加固法适用于钢筋混凝土受弯、大偏心受压和受拉构件的加固。加固时，一般将钢板粘贴在被加固结构受力部位的表面，既能充分发挥粘贴钢板的作用，又能封闭粘贴部位的裂缝和缺陷，从而有效提高构件的强度、刚度和抗裂性。设计时可根据需要在不同的部位粘贴钢板，以有效地发挥钢板的抗弯、抗剪、抗压性能。

（1）为了提高桥梁结构的抗弯能力，在构件的受拉边缘表面粘贴钢板，使其与结构形成整体受力。设计钢板长度时，应将钢板的梁端延伸到低应力区，以减少钢板锚固端的黏结集中应力，防止黏结部位构件出现裂缝或粘贴钢板被拉脱的现象发生。

（2）如果桥梁结构的主拉应力区斜筋不足，为了增加结构的抗剪切强度，可将钢板粘贴在结构的侧面，并垂直于剪切裂缝的方向斜向粘贴（斜度一般为 45°～60°），以承受主拉应力；也可以竖向粘贴成条状或采用 U 形、L 形箍板。这两种形式都需要钢板压条，如图 5-2 所示。

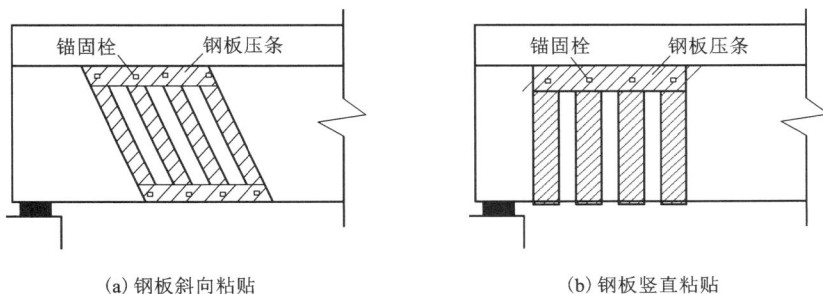

(a) 钢板斜向粘贴　　　　　　　　　　(b) 钢板竖直粘贴

图 5-2　T 梁抗剪加固示意图

据某加固试验，在梁底粘贴两条厚 8 mm、宽 20 mm、高 40 cm 的钢板，粘贴长度为 600 mm，按汽-15、挂-80 荷载标准设计，与未加固的同尺寸空心板比较，其极限承载力可提高 1.37 倍；按挠度进行比较，其控制的容许集中荷载比汽-20 相当的集中荷载提高 1.66 倍。

2. 粘贴钢板加固法的设计

许多试验结果表明，粘贴后钢板与原有结构能够共同作用。因此，加固设计时，钢板可作为钢筋的断面来考虑，将钢板换算成钢筋，原有构件承受恒载与活载，增加的钢板承受原有构件承受不了的那部分活载。

当用来提高构件的抗弯能力时，应把钢板粘贴在梁（板）受拉翼缘的表面上，使钢板与混凝土作为受力整体，接缝处混凝土进行抗剪局部设计。用于粘贴的钢板，其尺寸应尽可能薄而宽，厚度一般为 4～6 mm。薄钢板有足够的弹性适应构件的表面状况。应使钢板不发生屈服变形，混凝土不出现剪切破坏。为避免钢板在自由端脱落，端部可用夹紧螺栓固定，或在钢板上按一定的间距用螺栓固定，效果更有保证。

当粘贴钢板用以加固和增加梁的剪切强度时，钢板应在梁的侧面跨缝粘贴。用于粘贴的钢板可以是块状的，也可以是带状的，如图 5-3 所示。带状钢板沿垂直于裂缝的方向粘贴，斜度一般为 45°～60°。梁的上下端应设水平锚固板，以提高端部的锚固强度。钢板厚度依设计而定，一般为 10～15 mm。

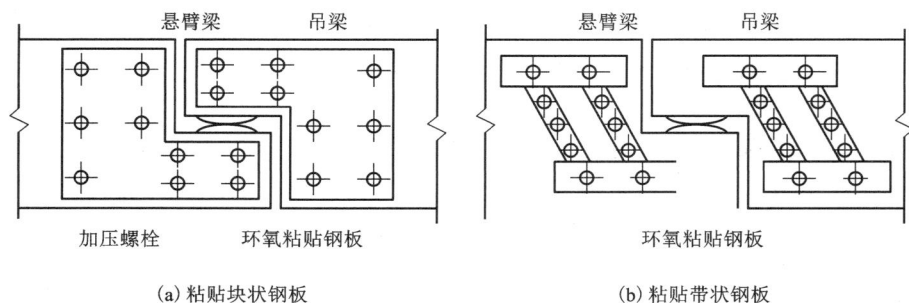

(a) 粘贴块状钢板　　　　　　　　　　　　(b) 粘贴带状钢板

图 5-3　粘贴钢板加固

3. 粘贴钢板加固法的施工工艺

如果所采用的黏结剂不同，钢板粘贴的施工工艺也有所不同。若黏结剂为液状时，用灌浆法；若黏结剂为胶状时，用涂抹法。两种施工工艺是在黏结剂的使用方法上有所不同：前者是在钢板安装好后用灌浆法加入，后者是在钢板粘贴前用涂抹法事先涂好。而两者的其他施工过程没什么区别。现以涂抹法的施工过程为例叙述如下。

（1）钢板制作。

制作用于粘贴加固的钢板，并对其表面进行处理。钢板按所需尺寸切割。钢板的粘贴面可用刨床加工成菱形或格状，以增加黏结性能。钢板除锈采用手工操作，即用钢丝刷除锈，有条件的可采用喷砂除锈。用冲击电钻在钢板以及混凝土表面上钻孔。钢板应按一定间距和锚栓规格钻孔，钻孔布置如图 5-4 所示。

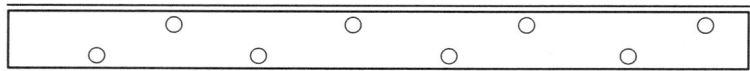

图 5-4　钢板钻孔布置

（2）表面处理。

为了得到良好的粘贴效果，必须事先对钢板和混凝土的粘贴面进行认真的处理。首先应将混凝土表面的破碎部分清除，然后凿平凿毛，使其骨料裸露出来，并用钢丝刷或压缩空气清除浮尘，粘贴钢板前还需用丙酮擦一遍。钢板表面应先用汽油洗去油污，用喷砂法或砂轮打磨除锈，使表面露出光泽，然后也用丙酮擦洗干净，最后在钢板表面涂一层环氧树脂薄浆将其保护起来。

（3）粘贴钢板。

先在混凝土表面上刷一层环氧树脂胶浆，然后在钢板上涂一层环氧树脂胶浆，间隔片刻再在钢板上均匀地铺一层环氧树脂胶浆，一般厚度为 2 mm 左右。随即将钢板贴到混凝土表面上，旋紧螺丝进行加压，使多余的胶浆沿板边挤压出来，达到密贴的程度。固化后再卸除螺帽，截去外露的螺杆，并留出 2~3 mm 进行冷铆。

（4）加压方式。

钢板粘贴到混凝土结构上后，为了使钢板与混凝土表面密贴，必须对钢板加压。加压的方式通常有三种：第一种是上述的用螺栓进行加压，即在混凝土粘贴面上每隔一定距离埋设一根 $\phi 12$ mm 的螺栓，钢板上设有相应的孔，把钢板粘贴到混凝土表面后立即旋紧螺帽进行加压。第二种方法是用木楔来加压，即在构件下方设支承梁（从桥下搭设或从桥上悬挂），距构件底面 15~20 mm，粘贴钢板后楔紧木楔施加压力。第三种方法是利用重物进行加压。当在混凝土构件的上缘粘贴钢板时，可以采取在钢板上面放置重物（铅块或铁块等）进行加压。

（5）检查粘贴质量。

一般是采用肉眼观察，如发现钢板与混凝土表面之间有空隙的地方，应及时填入胶结剂补贴。

（6）防护处理。

目前国内外对钢板加固采取的防护措施，一般都是采取清除钢板表面污渍，用钢刷除去螺栓的锈斑，先涂一层环氧树脂薄浆罩面，再涂两层防锈漆在上面进行保护。以后每隔 1~2 年检查一次防护层的情况，如发现有脱漆的地方及时采取措施进行修补。该方法虽然简易可行、施工简单，但需要经常维修保护，每次重新涂漆都需要搭架、拆架，维修工作量较大且烦琐。故应尽可能采用防护效果好、时间长的长效防护漆。

近年来有的省份利用喷射混凝土，在钢板上喷射一层混凝土保护层，既减少了刷漆工序，又大大减少了常年养护工作量。同时喷射混凝土还与原结构组成喷层-梁体组合工作体系，共同工作，在一定程度上提高了原梁的承载力，克服了以往钢板加固后易生锈的毛病，这是一种较好的防护钢板污染和锈蚀的方法。但是，采用喷射混凝土防护，须采取钢板外挂网方式，以保证喷射混凝土与钢板及原结构的有效黏结，从而结合成整体，否则易在车辆行驶中振动脱落，失去防护效果。

【例】　双筋矩形截面梁 $b \times h = 320$ mm × 650 mm。采用 C25 混凝土，HRB335 级钢筋，受拉钢筋为 3 Φ 25（$A_s = 1473$ mm^2），受压钢筋为 3 Φ 14（$A_s' = 462$ mm^2），结构重要性系数 $\gamma_0 = 1.0$。由于荷载等级提高，需检算原构件跨中截面抗弯承载力，若不满足，试进行粘贴 Q235 钢板加固设计。已知第一阶段弯矩组合设计值为 $M_m = 100$ kN·m，第二阶段弯矩组合设计值为 $M_d = 300$ kN·m，如图 5-5 所示。

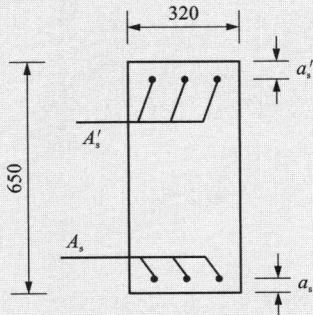

图 5-5　双筋矩形截面梁

【解】 由题意可知：

$f_{cd1}=11.5$ MPa，$E_c=2.8\times10^4$ MPa，$f_{sd}=f'_{sd}=280$ MPa，$E_s=2.0\times10^5$ MPa，$a_s=a'_s=45$ mm，

$f_{sp}=215$ MPa，$E_{sp}=2.06\times10^5$ MPa，$\varepsilon_{cu}=0.0033$，$\xi_b=0.56$。

（1）原梁承载力检算。

截面有效高度为：

$$h_0=h-a_s=650-45=605 \text{ mm}$$

钢筋与混凝土弹性模量之比：

$$a_{Es}=\frac{E_s}{E_c}=\frac{2\times10^5}{2.8\times10^4}=7.143$$

混凝土受压区高度为：

$$x=\frac{f_{sd}A_s-f'_{sd}A'_s}{f_{cd}b}=\frac{280\times1473-280\times462}{11.5\times320}=76.9 \text{ mm}<2a'_s=90 \text{ mm}$$

则原构件跨中截面抗弯承载力为：

$$M_u=f_{sd}A_s(h_0-a'_s)=280\times1473\times(605-45)\div(1000\times1000)$$
$$=231 \text{ kN}\cdot\text{m}<\gamma_0M_d=300 \text{ kN}\cdot\text{m}$$

原构件承载力不满足设计要求，需要进行加固。

（2）原梁几何特性计算（未计受压钢筋）。

$$A_1=\frac{a_{Es}A_s}{b}=\frac{7.143\times1473}{320}=32.9 \text{ mm}$$

$$B_1=\frac{2a_{Es}A_sh_0}{b}=\frac{2\times7.143\times1473\times605}{320}=39784.9 \text{ mm}^2$$

加固前原构件开裂截面换算截面的混凝土受压区高度：

$$x_1=\sqrt{A_1^2+B_1}-A_1=\sqrt{32.9^2+39784.9}-35.1=169.3 \text{ mm}$$

开裂截面惯性矩为：

$$I_{cr}=bx_1^3\div3+a_{Es}A_s(h_0-x_1)^2$$
$$=320\times169.3^3\div3+7.143\times1473\times(605-169.3)^2$$
$$=2.56\times10^9 \text{ mm}^4$$

在 M_m 的作用下，原构件截面受压边缘混凝土压应变为：

$$\varepsilon_{c1}=\frac{M_{d1}}{E_cI_{cr}}x_1=\frac{100\times10^6}{2.8\times10^4\times2.56\times10^9}\times169.3=2.4\times10^{-4}$$

（3）粘贴钢板截面积估算。

$$\gamma_0M_d=f_{cd1}bx\left(h-\frac{x}{2}\right)+f'_{sd}A'_s(h-a'_s)-f_{sd}A_sa_s \tag{5-1}$$

代入数据，即

$$1.0 \times 260 \times 10 = 11.5 \times 300x\left(650 - \frac{x}{2}\right) + 280 \times 462 \times (650 - 45) - 280 \times 1473 \times 45$$

则混凝土受压区高度为：

$$x = 96.5 \text{ mm} > 2a_s' = 90 \text{ mm}$$

钢板应变为：

$$\varepsilon_{sp} = \frac{\varepsilon_{cu}(\beta h_{02} - x)}{x} - \frac{\varepsilon_{c1}(h - x_1)}{x_1}$$

$$= \frac{0.0033 \times (0.8 \times 650 - 96.5)}{96.5} - \frac{2.3 \times 10^{-4} \times (650 - 173.9)}{173.9}$$

$$= 0.014$$

钢板应力 $\sigma_{sp} = \varepsilon_{sp} E_{sp} = 0.014 \times 2.06 \times 10^5 = 2884 \text{ MPa} > 215 \text{ MPa}$，钢板达到屈服，应力取 $\sigma_{sp} = f_{sp} = 215 \text{ MPa}$。

计算所需钢板截面积：

$$A_{sp} = \frac{f_{cd}bx - f_{sd}A_s + f_{sd}'A_s'}{f_{sp}}$$

$$= \frac{11.5 \times 300 \times 96.5 - 280 \times 1473 + 280 \times 462}{215} = 231.8 \text{ mm}^2$$

因此，钢板宽度为 175 mm，厚度为 4 mm，截面面积为 $A_{sp} = 175 \text{ mm} \times 4 \text{ mm} = 700 \text{ mm}^2$。

（4）加固后主梁承载力复核。

由 $\sigma_{sp} = \varepsilon_{sp} E_{sp} = 215 \text{ MPa}$、$A_{sp} = 700 \text{ mm}^2$ 得：

$$x = \frac{280 \times 1473 + 215 \times 700 - 280 \times 462}{11.5 \times 300} = 125.7 \text{ mm}(>2a_s' = 90 \text{ mm})$$

计算跨中截面抗弯承载力为：

$$M_u = f_{cd1}bx\left(h_0 - \frac{x}{2}\right) + f_{sd}'A_s'(h_0 - a_s') + E_{sp}\varepsilon_{sp}A_{sp}a_s$$

$$= 11.5 \times 300 \times 125.7 \times \left(605 - \frac{125.7}{2}\right) + 280 \times 462 \times (605 - 45) + 215 \times 700 \times 45$$

$$= 314 \text{ kN} \cdot \text{m}$$

计算结果表明，加固后的正截面承载力由 231 kN·m 提高到了 314 kN·m。

5.2　体外预应力加固法

1. 体外预应力加固法概念

体外预应力加固法是指运用预应力原理，通过增设体外预应力索（包括钢绞线、高强钢丝束和精轧螺纹钢筋）对既有混凝土梁体主动施加外力，以改善原结构的受力状况的加固方法。对于钢筋混凝土或预应力混凝土梁板,采用对受拉区施以预加压力的加固方法,可以抵消部分自重应力,起到卸载作用,从而能较大幅度地提高梁的承载力。体外预应力加固法既可作为桥梁通过重车的临时加固手段,又可作为永久性提高桥梁荷载等级的措施。

体外预应力加固体系主要由预应力钢筋(束)、锚固系统、转向块或滑块、水平束减振装置和梁体组成,可用于混凝土简支梁、连续梁及连续钢构桥等的加固。用预应力方法加固桥梁结构时,应考虑的主要问题有施加预应力的方式、预应力损失的估计、减少预应力损失的措施、预应力加固的计算等。

工程实践表明,桥梁体外预应力加固法具有如下优点:

①施工工艺简单。体外预应力加固不需要设置结构内部管道,在原有结构上固定预应力束方便、快捷,加固件的制作质量容易控制,安装张拉方便,所需设备简单,人力投入少,工期短,干扰交通少,经济效益明显。

②附加重量小,能够较大幅度地提高旧桥承载力。加固后所能达到的等级与原桥设计标准及安全储备有关,一般情况下可将原桥承载力提高30%~40%,利于结构的轻便和美观。

③对原结构损伤小,可以做到不影响桥下净空、不增加路面高程。

④体外预应力束线形简单,预应力损失小,材料使用效率高。

⑤在加固过程中,可以实现不中断交通或短时限制交通,便于检测及维护。

⑥体外预应力加固需要可靠的防腐设计,要限制自由长度以控制振动,防止火灾。

(1)施加预应力常用方法。

用预应力法加固钢筋混凝土或预应力混凝土梁板,其加固件一般采用钢拉杆、粗钢筋或钢丝索等钢材,施加预应力的方法有纵向张拉法、横向张拉法和张拉钢丝束等。纵向张拉法在施加的预应力数值较小时可采用螺栓、丝杆、花篮螺丝等简易拉紧器进行张拉。在施加的预应力较大时,可采用手拉葫芦、千斤顶张拉或电热法张拉。横向张拉法基本原理是在钢拉杆中部施加较小的横向外力,从而可在钢拉杆内获得较大的纵向内力。由于横向张拉外力并不是很大,采用螺栓、丝杆、花篮螺丝等简易工具即可。钢丝束通常通过锚具用千斤顶进行张拉,如果张拉要求不高,可以采用撬棍等工具绞紧钢丝束亦可产生预拉应力。

(2)预应力损失估计及减少预应力损失的措施。

预应力损失是影响预应力加固的适用范围和加固后工作状态的重要问题。预应力损失由加固件本身和承受加固件作用的结构两方面的变形产生,主要因素有:

①基础徐变和地基沉降;

②被加固构件收缩和其他变形;

③加固件本身徐变;

④加固件节点和传力构造变形;

⑤温度应变。

在预应力加固件使用过程中,由于基础沉降、温度应变、新浇混凝土徐变等,将产生较大预应力损失,这时,为减少预应力损失、保证加固效果,必须在加固过程中,预留构造措施,以便在使用过程中及时调整加固件的工作应力数值。

(3)预应力加固设计特点。

①在自重很小的情况下,能较大幅度地改善和调整原结构的受力情况,提高承重结构的刚度、抗裂性;体外预应力筋布置在构件截面以外,其锈蚀状况便于检查,以及修补或更换;

由于体外预应力筋的变形与混凝土截面不协调，预应力筋的应力沿长度方向分布均匀，变化幅度小，能够有效控制原结构的裂缝和挠度，使裂缝部分或全部闭合；能够控制和调校体外预应力束的应力。

②体外预应力筋无混凝土保护，易遭火灾破坏，并要限制自由长度以控制振动；转向和锚固装置因承受着巨大的纵、横向力，比较笨重；对于体外预应力结构，锚固失效意味着预应力的丧失，所以锚具防腐要求高；承载极限状态下体外预应力结构的抗弯能力小于有黏结和无黏结预应力结构；体外预应力结构在极限状态下可能因延性不足而产生没有预兆的失效。

（4）适用范围。

①正截面抗弯承载力不足或正截面受拉区钢筋锈蚀。

②梁抗弯刚度不足导致原梁挠度超过规范规定，或刚度太小导致梁的受拉区裂缝宽度超过规范规定。

③梁斜截面抗弯承载力不足。

2. 预应力拉杆加固钢筋混凝土梁/板

钢筋混凝土梁/板预应力补强加固一般采用预应力拉杆。常用的拉杆体系有三种：水平预应力补强拉杆、下撑式预应力补强拉杆、组合式预应力补强拉杆。各种拉杆体系的结构和加固原理分述如下。

（1）水平预应力补强拉杆加固法。

对于钢筋混凝土或预应力混凝土的 T 梁或工字梁桥，可采用在梁断面的受拉区，即在梁底下加设水平拉杆的简易补强方法进行加固，加固结构如图 5-6 所示。从图 5-6 中可以看到，当拉杆安装并通过拉紧螺栓实施横向拉力后，钢拉杆内将产生较大的纵向拉力，于是，梁受拉区就受到拉杆压应力的作用，梁中受拉应力也就相应减少。从加固原理上看，这种补强加固法可提高梁构件正截面抗弯承载力，但不能提高支座附近斜截面抗剪承载力。

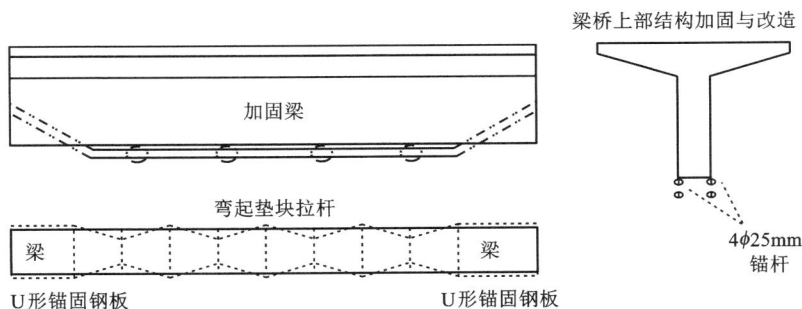

图 5-6　水平预应力补强拉杆加固法

（2）下撑式预应力补强拉杆加固法。

下撑式预应力补强拉杆加固法是将水平补强拉杆在接近支座处向上弯起，锚固于梁板支座的上部，弯起点处增设传力构造，再施加预拉应力。在桥下净空许可的条件下，可采用如图 5-7 所示的下撑式预应力补强拉杆加固法加固梁式钢筋混凝土梁。这种加固法的预应力补强拉杆用钢材做成,拉杆弯起点设立柱,立柱用钢筋混凝土或混凝土做成;立柱一般设在 1/4 跨径的地方,以使预应力加固的斜拉杆与水平线的角度为 30°~45°。

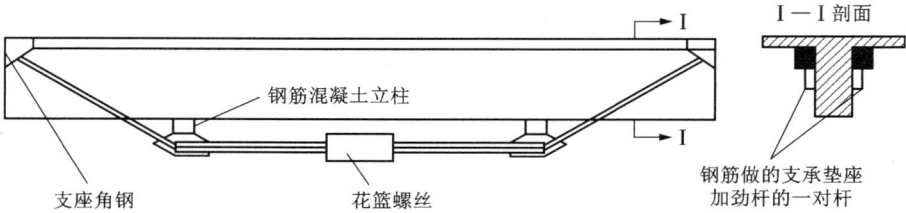

图 5-7　下撑式预应力补强拉杆加固法

　　预应力加固件的斜拉杆,装在被加固的 T 梁腹板左右两侧支座上方的两端。在钢筋混凝土梁上凿开一个安装垫座的位置,割去一部分梁的钢筋箍和竖钢箍,将用角钢或槽钢做成的支承垫座安放在凿好的洞内,并与斜拉杆呈垂直角。斜拉杆的一端插入支承垫座内用螺帽扣紧,另一端在立柱下面用一对节点板和水平拉杆。装好之后,用花篮螺丝把加劲的水平拉杆拧紧。为减少对桥下净空的影响,预应力补强拉杆也可布置在主梁腹部的两侧(中性轴以下),如图 5-8 所示。

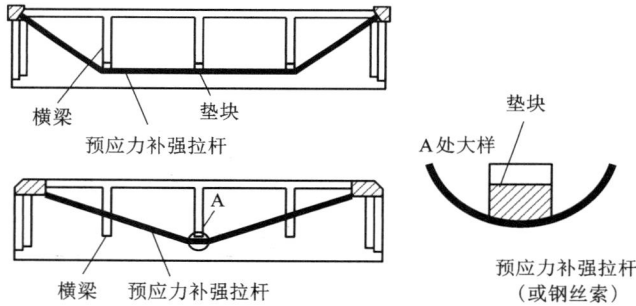

图 5-8　预应力补强拉杆

　　为使补强拉杆锚固于梁腹板,形成整体,锚固的方法有很多种,图 5-9(a)为用夹具锚固的情况;图 5-9(b)为用钢板套箍锚固的情况。

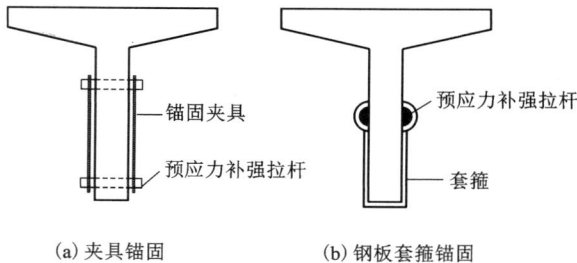

(a)夹具锚固　　　　　(b)钢板套箍锚固

图 5-9　补强拉杆锚固于梁腹板

由于下撑式预应力补强拉杆的布置较为合理，拉杆中施加预应力后，通过拉杆弯起点的支托构件传力，与梁结构产生作用力，起到卸载的作用。这种加固法的优点是可对受弯构件垂直截面上的抗弯强度和斜截面上的抗剪强度同时起到补强作用。此法加固效果显著，可将原结构的承载力增大一倍。

（3）组合式预应力补强拉杆加固法。

既布置水平预应力补强拉杆，又布置下撑式预应力补强拉杆，这种加固方法称为组合式预应力补强拉杆加固法，如图 5-10 所示。

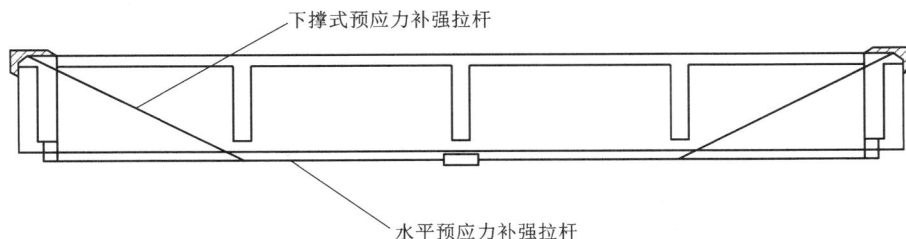

图 5-10　组合式预应力补强拉杆加固法

组合式预应力补强拉杆加固法既具有下撑式预应力补强拉杆的优点，又具有提高抗弯、抗剪强度的优点，还可在必要时将通常安设的两根拉杆增加到四根（两根水平拉杆），从而可更大幅度地提高承载力。

上述三种预应力补强拉杆加固法，可根据具体情况进行选择。从补强的内力种类来看，当梁板跨中受弯强度不足，而斜截面上抗剪强度足够时，可采用水平预应力补强拉杆及其他两种拉杆。当梁板支座附近斜截面上抗剪强度不足时，可采用下撑式和组合式预应力补强拉杆。要求补强加固后承载力能提高较大的，宜采用组合式预应力补强拉杆。此外，三种拉杆的选择均须考虑施工的方便与可能。

3. 预应力补强加固设计与应用实例

（1）预应力补强加固的设计步骤。

采用预应力补强拉杆加固桥梁构件，应事先进行必要的设计计算。由于加固后预应力补强拉杆与钢筋混凝土梁板构件将组成一个整体并共同工作，因此，补强拉杆与被补强梁板组成一个新的复合体系，这样就改变了结构原来的受力状态，并且提高了承载力。

预应力补强加固设计计算步骤和方法如下：

①通过计算，求出被补强构件提高荷载等级前所受荷载及其引起的内力，其中，包括恒载内力和活载内力计算两项内容。方法与通常桥梁设计时的内力计算相同，不再赘述。

②通过计算，求出拟提高荷载标准后的活载内力，并由恒载与活载的组合检算加固的必要性。

③由上面两项之差求出内力的提高值，即需补强加固的抵抗矩及剪力等，估算出补强拉杆应有的横截面面积，如图 5-11 所示，由 $\sum M' = 0$，得：

$$M' = A_\gamma R_\gamma (h_\gamma - x')$$

即

$$A_\gamma = M'/R_\gamma (h_\gamma - x') \tag{5-2}$$

式中：M'——需补强加固的抵抗矩；

A_γ——补强拉杆横截面面积；

R_γ——对于软钢，估算时可采用容许应力值；

$h_\gamma - x'$——补强钢筋重心到构件中和轴的高度。

用此法估算求得的补强拉杆横截面面积，通常是很充裕的，因为构件受拉杆的作用后已成为偏心受压构件。在大多数情况下求出的 A_γ 值，在最终计算之后，甚至可以减少一些。

④估算求出提高拉杆效率所必需的预施拉力值梁桥上部结构加固与改造 $N_{预}$。图 5-11 为型梁补强拉杆截面计算图示。

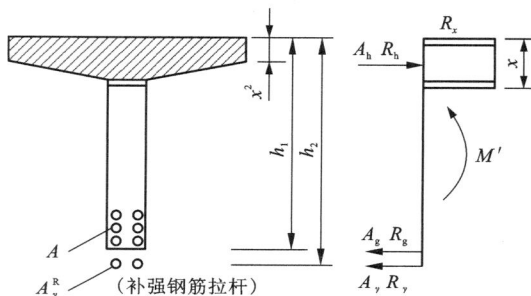

图 5-11　型梁补强拉杆截面计算图示

⑤用补强后增大的荷载及内力复核已加强的构件。

（2）加固实例。

现将朔黄铁路 24 m 直线简支 T 梁作为研究对象。针对现有重载铁路在提高轴重后重载铁路桥梁刚度、强度不足的问题，提出一个行之有效的加固改造方案。

在既有 T 梁两侧分别增加一孔预应力钢绞线进行加固，每孔采用 12 束 ϕ15.2 mm 的标准型（1×7）1860 钢绞线，将锚固端齿块布置在距离端头横隔板往跨中 1.7 m 的位置，对上翼缘、腹板植筋，绑扎钢筋，浇筑混凝土设置齿块，由于腹板预应力钢绞线很少，因此能够有效保证齿块的施工；将转向装置设置于梁跨跨中左右的横隔板处，通过梁体两侧的横隔板来固定转向梁。由于预应力与新增混凝土翼缘能够达到自平衡的效果，因此在不增加原梁负担的同时，起到提升原桥承载力的作用，满足重载列车的运行需求。该方案对原梁的损害较小，增加的自重较低，不影响桥下净空和桥梁的美观性，施工过程不影响线路的运营；同时，在梁端的新增横梁（图 5-14）及在转向装置处的新增横梁（图 5-15）可起到提高横向刚度的作用。体外预应力加固设计简图如图 5-12~图 5-15 所示。

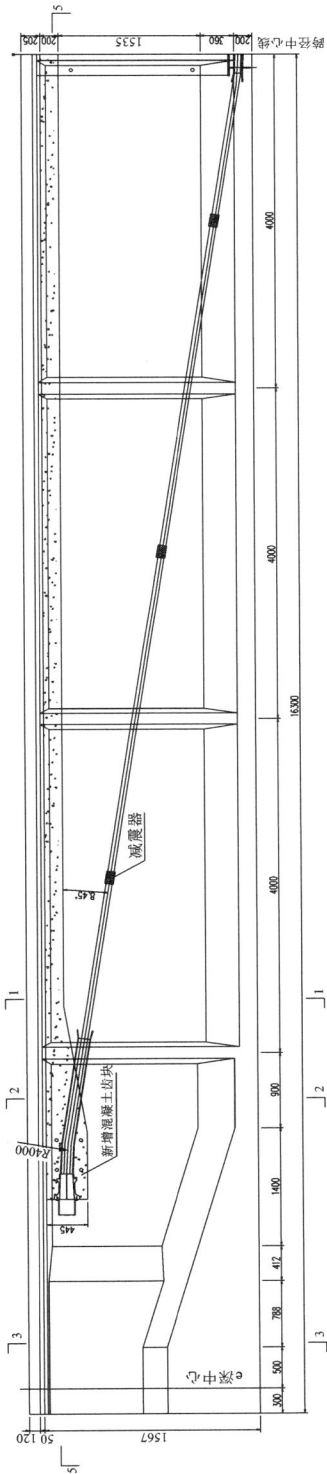

图5-12　自平衡体外预应力加固正立面图

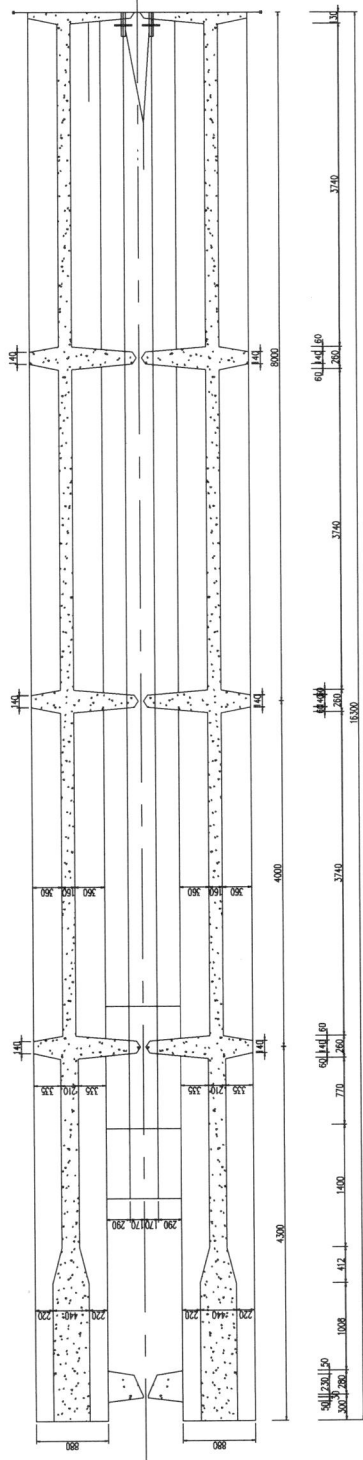

图5-13　自平衡体外预应力加固5-5平面图

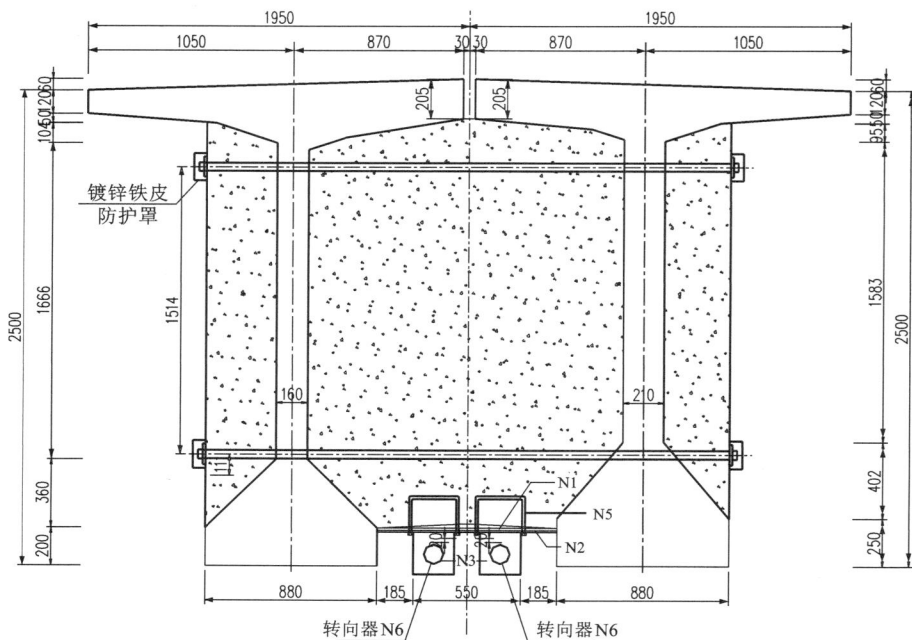

图 5-14 新增横梁及转向架构造图

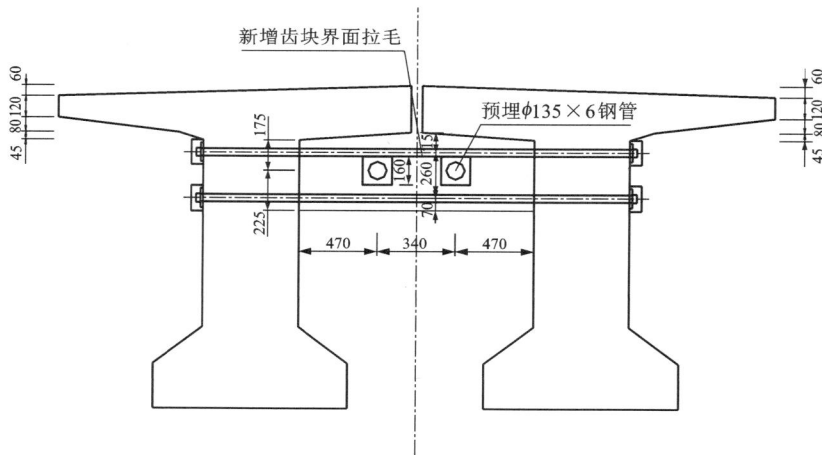

图 5-15 新增齿块构造图

5.3 增大梁截面加固方法与技术

目前，国内有相当一部分桥梁，在修建时荷载等级仅适应当年的要求，面对当今交通运输事业的发展，有的已表现出荷载等级偏低、承载力不足的缺陷，有的病害逐渐产生、发展，甚至成为危桥。其主要原因是原桥钢筋和截面尺寸偏小，不能满足当前荷载等级和安全通行的要求。对于这部分桥梁，可以采用增大构件截面的方法进行加固。

5.3.1　增大截面加固法

增大截面加固法是指增大构件截面和配筋，以提高构件的强度、刚度、稳定性和抗裂性的加固方法。该加固法适用于钢筋混凝土和预应力混凝土受弯构件、钢筋混凝土受压构件的加固。

1. 受弯构件加固受力特征

该加固法属于被动加固法，根据被加固构件的受力特点、加固目的和要求、构件部位与尺寸、施工方便等可设计为单侧、双侧、三侧加固，以及四周外包加固。根据不同的加固目的和要求，又可分为增大截面为主的加固和加配钢筋为主的加固，或者两者同时采用的加固。增大截面为主的加固，为了保证补加的混凝土正常工作，亦需适当配置构造钢筋。加配钢筋为主的加固，为了保证配筋的正常工作，需按钢筋的间距和保护层等构造要求适当增大截面面积。

钢筋混凝土和预应力混凝土受弯构件采用增大截面加固法进行加固设计，主要有增大混凝土截面、增加受力主筋截面两种方法。增大混凝土截面是通过增设现浇混凝土层来增大正截面高度，进而提高正截面抗弯承载力和刚度。而增加受力主筋截面是在受拉区截面外增设纵向钢筋，为了保证该纵向钢筋正常工作，需要按构造要求浇筑混凝土保护层，从而增大截面尺寸。因此，旧桥受弯构件的加固设计，应根据现场结构的实际情况，分别采用受压区或受拉区两种不同的加固形式。

该加固法有以下特点：

（1）主梁受力明确，计算简单方便，加固后主梁的承载力、刚度、稳定性得到明显提高，加固效果较好。

（2）施工简便，经济有效。桥面施工活动全部在桥面进行，操作便利，易于控制工程质量。与其他加固方法相比，增大截面加固法可获得较好的经济效益。

（3）加大构件截面，会使上部结构恒载增加，对原桥梁结构的下部结构有一定影响。

（4）现场湿作业工作量大，养护期较长，加固期间需适当中断交通。

（5）若将梁底增大尺寸，会使桥下净空有所减小。

2. 加固构造规定

（1）新浇混凝土应符合下列要求：

①新浇混凝土强度级别宜比原构件混凝土强度级别提高一级，且不低于 C25。

②新浇混凝土层的最小厚度，板不宜小于 100 mm，梁和受压构件不宜小于 150 mm。

③当新浇混凝土层厚度小于 100 mm 时，可采用小石子混凝土或喷射高性能抗拉复合砂浆。在结构尺寸复杂和新浇混凝土施工条件差的情况下，可采用微膨胀或自密实混凝土。

（2）加固用的受力钢筋直径不小于 12 mm，不宜大于 25 mm；构造钢筋直径不小于 10 mm；箍筋直径不宜小于 8 mm。

（3）新增钢筋应符合下列要求：

①当新增纵向钢筋与原构件受力钢筋采用短筋焊接时，短筋的直径不宜小于 12 mm，各短筋的中距不应大于 500 mm。

②当用单侧或双侧加固时，应设置 U 形箍筋或封闭式箍筋。

（4）在受拉区增设混凝土加固的受弯构件，新增纵向钢筋需截断时，应从计算截断点开始至少再延长至相关规范规定的锚固长度。受压构件新增纵向受力钢筋应伸入与之相连的原结构中，并满足锚固要求。

（5）新老混凝土结合面处，原构件的表面应凿成凹凸差不小于 6 mm 的粗糙面。

5.3.2 增焊主筋加固法

当梁内所配置的主要受力钢筋截面面积不足，无法满足抗弯承载力的要求，而桥下净空受到限制不允许过多地增加主梁高度时，可采用增加纵向主梁钢筋的方法进行设计加固。增焊主筋加固法主要施工步骤如下。

1. 增焊主筋

凿开梁肋下缘混凝土保护层，露出主筋，将原箍筋切断并拉直，再把新增钢筋焊在原主筋上，新增受力钢筋与原受力钢筋净间距在 20 mm 以上，采用短筋或箍筋与厚钢筋焊接，增焊钢筋断头宜设在弯矩较小的截面。为减少焊接时温度应力的影响，施焊时应采用断续双面施焊，并从跨中向两支点方向依次施焊。

2. 增设箍筋

如果原桥梁的箍筋不足或梁腹出现剪切裂缝，则在加固过程中，在增焊主筋的同时还应在梁的侧面增加 U 形箍筋或封闭式箍筋（图 5-16），并与原构件牢固连接。具体做法是在梁腹上埋入梢钉，把补充的箍筋固定起来，并把箍筋上端埋入桥面板中。

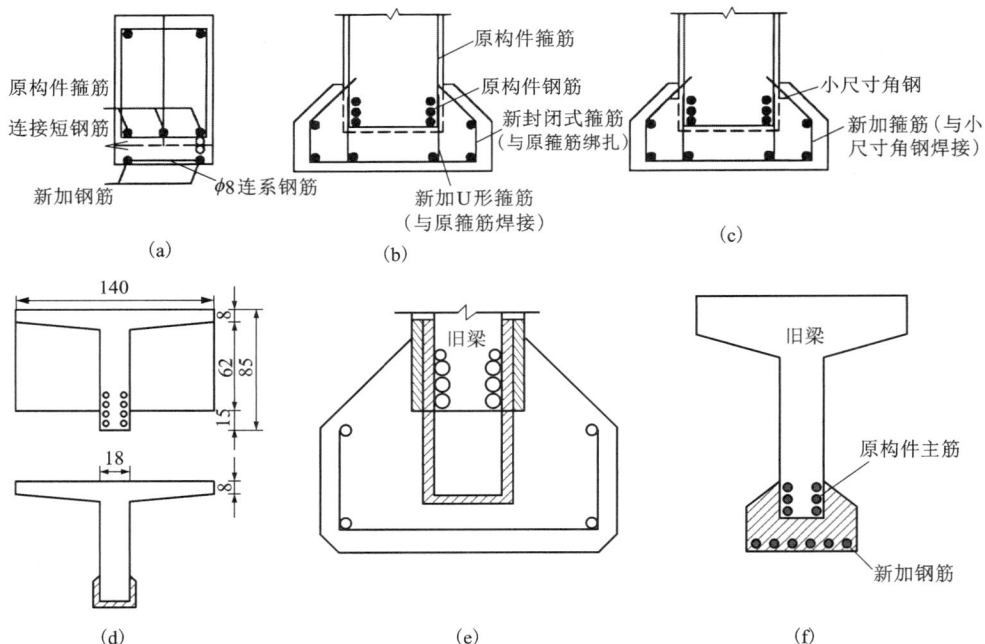

图 5-16 主梁加固断面图

3. 卸除部分恒载

加固时，为了减少原结构的截面应力，使新增加的钢筋充分发挥作用，有条件的应采取多点顶起等措施，将梁顶起或凿除部分桥面铺装，然后进行加固（起顶位置和吨位计算确定）。

4. 恢复保护层

钢筋焊接好并连接箍筋后，重新做好混凝土保护层。

此外，在现有桥梁中有一部分属于 T 形梁桥。这类桥原截面高度不够或尺寸过小，导致承载力不足。对于这部分桥梁，可在梁肋下缘扩大截面面积，而在靠近支座的梁端部分仍保持原截面（即仅在跨中某区段将梁肋下缘截面加大），在截面扩大部分与原截面之间作一斜面过渡。在新增混凝土截面中增设受力主筋，其通过加固层与原结构紧密结合在一起，共同承受外荷载作用。

为了保证新旧混凝土之间有良好的黏结，须在浇筑混凝土前，将结合部位的旧混凝土表面凿毛，露出骨料，清洗干净。同时每隔一定距离（一般为 1 m 左右）凿露出主筋，以便通过锚固钢筋将新增加的主筋与原结构中的主筋相连接。新增加的混凝土一般采用悬挂模板现场浇筑。

5.3.3　增大混凝土截面加固法

受压区增大截面加固法一般适用于跨径较小的 T 形梁桥或板梁桥。而在原桥上部结构构件的承载力不足、截面面积过小，而墩台及基础较好、承载力较大的情况下，为了方便施工，可将原有桥面铺装层拆除，对桥面板表面进行处理后，再浇筑一层新的钢筋混凝土补强层，用以提高梁（板）的抗弯能力，即为增大混凝土截面加固法。

为了使新旧混凝土有良好的结合，应把原桥面板表面凿毛洗净，每隔一定的距离都设置齿形剪力槽，或埋设桩状（钢筋柱）剪力键，或用环氧树脂作为胶结层。同时，在桥面板上铺设钢筋网，以增强桥面板的整体性和抗压能力，防止新浇筑的混凝土补强层开裂。钢筋网的钢筋直径与间距可根据补强层与桥面板共同受力的情况来确定。加固后重新铺设桥面的铺装层。

对于有三角垫层的桥面板，可将原作为传力结构的三角垫层凿去，代之以与原桥面板结合为整体、共同受力的钢筋混凝土补强层，或用钢筋混凝土补强层取代桥面铺装层。这样在不增加桥梁自重的情况下进行加固补强，效果更为明显。

这种加固法施工简便，不需搭设支架，但施工时桥上行车受阻。因此，对于不允许中断交通的重要干线桥梁，这种加固法受到一定的限制。此外，由于加厚部分使桥梁自重和恒载弯矩增加较多，并且仍然是原结构下缘受拉钢筋应力控制设计，此加固法一般只适用于跨径较小的 T 形梁桥或板梁桥，而且在加固前应对梁（板）的受力状况进行详细分析，在梁（板）下翼缘强度容许的范围内确定桥面的加厚高度。

【**例**】 某受弯构件为双筋矩形截面，截面尺寸 $b_1 \times h_1 = 200$ mm×400 mm。采用 C25 混凝土，纵向钢筋采用 HRB335 钢筋。跨中截面配置纵向受拉钢筋为 3 Φ 20+3 Φ 14（$A_{s1} = 942 + 462 = 1404$ mm²），受压钢筋为 2 Φ 12（$A'_{s1} = 226$ mm²），如图 5-17 所示。由于荷载等级提高，需对构件加固补强。拟在受拉区采用增大截面进行加固，加固层厚度为 100 mm，采用 C30 混凝土，配置纵向钢筋（HRB335）为 3 Φ 12（$A_{s2} = 339$ mm²）。已知，第一阶段弯矩设计值 $M_{d1} = 100$ kN·m，第二阶段弯矩组合设计值 $M_d = 130$ kN·m。Ⅰ类环境条件，安全等级为二级。试检算加固后梁跨中正截面抗弯承载力。

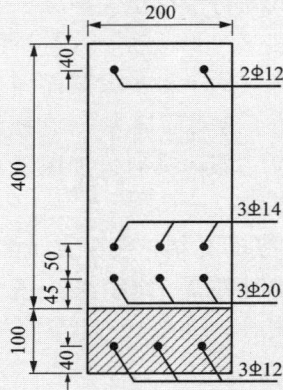

图 5-17　矩形截面

【**解**】 由题意可知：

$$f_{cd1} = 11.5 \text{ MPa}, \quad E_{c1} = 2.8 \times 10^4 \text{ MPa}, \quad f_{sd1} = f'_{sd1} = 280 \text{ MPa}$$

$$E_{s1} = E_{s2} = 2.0 \times 10^5 \text{ MPa}, \quad \varepsilon_{cu} = 0.0033, \quad \xi_b = 0.56, \quad \gamma_0 = 1.0$$

（1）原梁受拉区钢筋 A_{s1} 的合力作用点至截面受拉区边缘距离为：

$$a_{s1} = \frac{942 \times 45 + 462 \times 95}{1404} \approx 61 \text{ mm}$$

截面有效高度：

$$h_{01} = h_1 - a_{s1} = 400 - 61 = 339 \text{ mm}$$

钢筋与混凝土弹性模量之比为：

$$\alpha_{Es} = \frac{E_{s1}}{E_{c1}} = \frac{2.0 \times 10^5}{2.8 \times 10^4} = 7.143$$

原构件开裂截面换算截面的混凝土受压区高度为：

$$x_1 = \sqrt{A_1^2 + B_1} - A_1$$

$$A_1 = \frac{\alpha_{Es}(A_{s1} + A'_{s1})}{b_1} = \frac{7.143 \times (1404 + 226)}{200} = 58.2 \text{ mm}$$

$$B_1 = \frac{2\alpha_{Es}(A_{s1}h_{01} + A'_{s1}a'_{s1})}{b_1} = \frac{2 \times 7.143 \times (1404 \times 339 + 226 \times 40)}{200} = 34643 \text{ mm}^2$$

于是

$$x_1 = \sqrt{58.2^2 + 34643} - 58.2 = 136.8 \text{ mm}$$

开裂截面惯性矩为：

$$I_{cr} = \frac{b_1 x_1^3}{3} + \alpha_{Es} A_{s1} (h_{01} - x_1)^2 + \alpha_{Es} A'_{s1} (x_1 - a'_{s1})^2$$

$$= \frac{200 \times 136.8^3}{3} + 7.143 \times 1404 \times (339 - 136.8)^2 + 7.143 \times 226 \times (136.8 - 40)^2$$

$$= 595.6 \times 10^6 \ \mathrm{mm^4}$$

（2）原构件截面受压边缘混凝土在 M_m 的作用下压应变计算。

$$\varepsilon_{c1} = \frac{M_{d1}}{E_{c1} I_{cr}} x_1 = \frac{100 \times 10^6}{2.8 \times 10^4 \times 595.6 \times 10^6} \times 136.8 = 8.2 \times 10^{-4}$$

（3）加固后跨中正截面承载力计算。

受拉区纵向钢筋 A_{s1} 和 A_{s2} 的合力作用点至截面受拉区边缘距离为：

$$a_s = \frac{942 \times (45 + 100) + 462 \times (95 + 100) + 339 \times 40}{1404 + 339} = 137.8 \ \mathrm{mm}$$

截面有效高度为：

$$h_0 = h_2 - a_s = 500 - 137.8 = 362.2 \ \mathrm{mm}$$

受拉区新增纵向普通钢筋 A_{s2} 合力作用点至截面受压区边缘距离为：

$$h_{02} = h_2 - a_{s2} = 500 - 40 = 460 \ \mathrm{mm}$$

新增纵向普通钢筋的拉应变 ε_{s2} 为：

$$\varepsilon_{s2} = \frac{\varepsilon_{cu}(\beta h_{02} - x)}{x} - \frac{\varepsilon_{c1}(h_{02} - x_1)}{x_1}$$

$$= \frac{0.0033 \times (0.8 \times 460 - x)}{x} - \frac{8.2 \times 10^{-4} \times (460 - 136.8)}{136.8}$$

$$= \frac{1.2144}{x} - 0.0033 - 0.001937 = \frac{1.2144}{x} - 0.005237$$

新增纵向普通钢筋的拉应力为：

$$\sigma_{s2} = \varepsilon_{s2} E_s = \left(\frac{1.2144}{x} - 0.005237 \right) \times 2.0 \times 10^5$$

混凝土受压区高度按下式计算：

$$f_{cd1} b_2 x = f_{sd1} A_{s1} - f'_{sd1} A'_{s1} + \sigma_{s2} A_{s2} \tag{5-3}$$

代入数据得：

$$11.5 \times 200 \times x = 280 \times 1404 - 280 \times 226 + \left(\frac{1.2144}{x} - 0.005237 \right) \times 2.0 \times 10^5 \times 339$$

$$x = 183.8 \ \mathrm{mm}$$

解得　　$2a'_{s1} = 2 \times 40 = 80 \ \mathrm{mm} < x = 183.8 \ \mathrm{mm} < \xi_b h_0 = 0.56 \times 362.2 = 202.8 \ \mathrm{mm}$

跨中正截面抗弯承载力为：

$$M_u = f_{cd1} b_1 x \left(h_0 - \frac{x}{2} \right) + f'_{sd1} A'_{s1} (h_0 - a'_{s1})$$

$$= 11.5 \times 200 \times 183.8 \times \left(362.2 - \frac{183.8}{2} \right) + 280 \times 226 \times (362.2 - 40)$$

$$= 134.7 \times 10^6 \ \mathrm{N \cdot mm} = 134.7 \ \mathrm{kN \cdot m} > \gamma_0 M_d = 1.0 \times 130 = 130 \ \mathrm{kN \cdot m}$$

加固后的正截面承载力满足要求。

5.4 粘贴纤维复合材料加固法

加固混凝土结构用的纤维复合材料,目前主要有三种:玻璃纤维(GFRP)、碳纤维(CFRP)和芳纶纤维(AFRP)。纤维复合材料的力学特点是应力应变量完全线弹性,不存在屈服点或塑性区。

5.4.1 粘贴碳纤维布(片)加固法

碳纤维材料的出现和成功应用于土木工程的加固与补强上,使土木工程加固技术研究更上一个台阶。碳纤维是一种新型建材,因质轻、耐腐蚀、片材很薄、抗拉强度高而被广泛应用。粘贴碳纤维布(片)加固法亦被视为梁式桥加固补强、提高承载力,尤其是当高度受限制时的首选加固方法。其施工工艺简单。

1. 碳纤维复合材料

由于碳纤维具有高强、轻质、耐腐蚀、耐疲劳等优异的物理力学性能,以及现场施工便捷,所以它是旧桥加固补强的理想材料。

普通碳纤维是以聚丙烯腈(PAN)或中间相沥青(MPP)纤维为原料经高温碳化制成,碳化程度决定着诸如弹性模量、密度与导电性等性能。碳纤维长丝直径通常为 $5\sim8~\mu m$,并合成含 $3000\sim18000$ 根的长丝束。为改善碳纤维与基体的亲和性,纤维本身要经表面处理,形成能与基体反应的活性基团。

加固混凝土构件所用的碳纤维布,是由碳纤维长丝编织而成的柔软片材。碳纤维布在编织时,将大量的碳纤维长丝沿一个主方向均匀平铺,用极少的非主方向碳纤维丝将主方向碳纤维丝编织在一起,形成很薄的以主纤维方向受力的碳纤维布。

加固混凝土构件时,按构件的不同受力特点用黏结材料将碳纤维布有序地缠绕、粘贴于构件表面,实现对构件变形的约束,并以此提高构件的极限强度和承载力。碳纤维布的抗拉强度一般为 3550 MPa,弹性模量为 2.35×10^5 MPa。根据碳纤维布的品质不同,其厚度为 $0.11\sim0.43$ mm,幅宽为 $20\sim100$ cm,卷材长度为 $50\sim100$ m。

2. 黏结材料

黏结材料的性能是保证碳纤维布与混凝土共同工作的关键,也是两者之间传力途径中的薄弱环节。因此,黏结材料应有足够的刚度与强度,以保证碳纤维布与混凝土之间剪力的传递;同时应有足够的韧性,不会因混凝土开裂而产生脆性黏结破坏。此外,由于旧桥加固均在野外,所以黏结材料还应能在一般气候条件下固化,且固化时间合适(一般保证在 3 h 左右),对组分含量不敏感,具有适宜的流动性和黏度,固化收缩率小。

黏结材料是将连续纤维状的碳纤维结合在一起,同时又与混凝土表面粘贴的系列黏结材料。它主要包括三类材料:底层涂料、整平材料和浸渍树脂。

(1)底层涂料(底涂胶)。

在处理好的混凝土表面涂一层很薄的底涂胶,该胶既可以浸入混凝土表面,提高混凝土表面强度，又可以改进胶接性能，从而使混凝土与碳纤维布之间的黏结性得以提高。因此要求底涂胶必须具有很低的黏度，以及良好的与混凝土黏结的性能，以便于涂刷在混凝土表面后胶黏剂能渗入混凝土结构中。为保证性能，应尽量避免使用溶剂型胶。

（2）整平材料（找平胶）。

碳纤维布只有与所加固补强的混凝土表面紧密接触，才能产生良好的补强效果。但混凝土表面的锐利突起物、错位和转角部位等都可能使碳纤维布产生损伤，并引起强度降低。混凝土表面小的模板错位及混凝土气孔很难通过基底处理这道工序彻底清理。因此，在涂敷的底层涂料指触干燥后，必须用找平胶进行找平，同时将矩形断面直角打磨后修补成圆弧状。

找平胶应具有优良的力学性能，以及良好的施工性能与触变性能。在施工过程中，找平胶应易于操作，且不随时间的延长出现明显的变形；能防止胶的滴挂。一般的普通环氧树脂的黏结性和韧性都达不到找平胶的要求，不应调配使用。

（3）浸渍树脂（粘贴主胶）。

浸渍树脂连接底胶与碳纤维布，在黏结中起着至关重要的作用。它的黏度应控制在一定范围内，有利于浸渍树脂顺利地将碳纤维布黏附于混凝土表面。通过碾压，浸渍树脂很容易浸透碳纤维布，它们形成一个复合性整体，共同抵抗外力作用。

浸渍树脂不仅应具有良好的渗透性，以利于浸透碳纤维布，还应具有一定的初粘力，防止粘贴的碳纤维布塌落而形成空洞或空隙；其本身还应具有良好的触变性，易于施工且不会发生明显的滴淌现象。另外，胶黏剂与碳纤维布的相容性和黏结力必须极好，才能使碳纤维布和混凝土形成效果较好的复合材料。

（4）防护材料（罩面胶）。

罩面胶主要是为了施工表面的美观和保护碳纤维布。一般要求其能涂敷在碳纤维布表面，不脱层，不掉落，能防止复合材料被紫外线直接照射，并长期在冷热干湿的空气中性状稳定。它的选择范围较大，丙烯酸体系、聚氨酯体系、不饱和聚酯体系、有机硅、有机氟体系等都适合。

（5）胶与胶的相容性。

碳纤维布加固补强施工过程中，胶是一层一层叠加上去并复合而成的，与混凝土直接接触的只有底涂胶，找平胶与底涂胶、碳纤维布上的粘贴主胶黏结，而粘贴主胶与底涂胶、找平胶、碳纤维布和罩面胶均相连。因此，不同胶黏剂之间的相容性、黏结性问题应予以充分考虑。一般来讲，同一类型的胶黏剂黏结性、相容性较好，不同类型的胶黏剂黏结、相容性就需先做试验加以论证。

3. 碳纤维布加固补强受力分析与设计计算

（1）加固受力特点分析。

①与传统的其他加固方法相比，采用碳纤维布加固旧桥能最低程度地改变原有结构的应力分布，保证在设计荷载范围内与原结构共同受力。

②将抗拉性能优良的碳纤维布用黏结材料粘贴到梁体底面或箱梁内壁上，使其与原结构一起参与受力，即碳纤维布可以与原结构内布置的钢筋一道共同承受拉力，以提高旧桥的承载力。

③沿主拉应力方向或与裂缝正交方向粘贴碳纤维布，两端分别设置锚固端，据此可约束混凝土表面裂缝，防止裂缝再扩展，从而达到提高构件抗弯刚度、减少构件挠度、改善梁体受力状态的目的。

④目前，用于加固的碳纤维有单向碳纤维布、单向碳纤维交织布、双向碳纤维交织布及单向碳纤维层压材料等，根据不同的结构部位和受力特性与方向等，选择相应的碳纤维布进行加固。

⑤碳纤维布加固混凝土构件，在提高其抗弯承载力时，还可能对抗弯构件的破坏形态产生影响。当碳纤维布用量过多时，构件的破坏形态将由碳纤维被拉断引起的破坏转变为混凝土的突然压碎破坏。与此同时，由于碳纤维为完全弹性材料，它与钢筋的共同工作会减弱钢筋塑性对构件延性的影响。碳纤维布用量过多，构件延性将有所降低。因此，碳纤维布用于钢筋混凝土梁式桥的加固补强时，应根据实际情况合理使用。

⑥用碳纤维布加固的旧桥，一旦发生破坏如拉断或剥离等脆性破坏，因具有突发性，其承载力极限状态不能按普通钢筋混凝土来定义，一般应按碳纤维抗拉强度的 2/3 进行抗弯承载力计算。

⑦试验研究证实，碳纤维布能够提高混凝土梁抗剪承载力，其作用机理与箍筋类似，还能明显改善构件的变形性能，增强构件的抗变形能力。

⑧碳纤维布与混凝土基层界面可分为两个界面区，即混凝土基层与黏结树脂界面区、黏结树脂与碳纤维布界面区。黏结性能的本质是接触面间的相互作用，宏观上表现为液态聚合物浸润表面后形成的机械锁结，微观上表现为分子扩散后相互缠结作用，或化学键作用，或静电吸引作用，或其复合作用。

（2）碳纤维布加固设计计算要点。

①采用碳纤维布加固旧桥，目前的计算方法一般是将碳纤维布按照一定的标准（如允许应力标准）近似换算成一定用量的钢筋，然后按照传统的钢筋混凝土受力分析模型进行理论分析。虽然是近似计算方法，但是理论分析结果与试验数据完全吻合，因此在一般情况下是适用的。

②碳纤维布加固用量，可按式（5-4）估算：

$$A_{cf} = A_g \left(\frac{R_g}{R_{cf}} \right) \qquad (5-4)$$

式中：A_{cf}——碳纤维布用量（面积）；

A_g——为抵抗不足弯矩所需的钢筋面积；

R_g——钢筋的抗拉设计强度；

R_{cf}——碳纤维布抗拉设计强度。

③除按式（5-4）估算的碳纤维布加固用量（面积）外，还必须考虑必要的锚固长度和搭接长度所需面积，以及必要的边、角废料等裁剪损耗等。

粘贴碳纤维布加固桥梁结构的材料，其主要力学性能和指标，加固设计的构造要求及计算方法，可参照中国工程建设标准化协会标准《纤维混凝土结构技术规程》进行设计和计算。

（3）碳纤维布加固旧桥特点。

①不增加恒载及断面尺寸。碳纤维布的自重仅为 $200 \sim 300$ g/m²，设计厚度为 $0.111 \sim 0.167$ mm，加上环氧树脂系列的黏结材料的自重也很轻，其对整个结构重量及桥下净空的影

响微乎其微，可忽略不计。同时，碳纤维布可以多层粘贴。碳纤维布可以在一个部位重叠粘贴，能充分满足补强的要求。该优点是传统补强方式难以比拟的。

②可适应不同构件形状，成形方便。斜、弯、坡及异型结构的补强，采用传统的方法，施工难度极大，而采用碳纤维补强法，因碳纤维布的随形性极强，可以随结构外形变化任意施工，能降低施工难度，减少施工成本，缩短施工工期，产生良好的社会效益和经济效益。

③施工简便。特别是当箱梁内部的作业空间受到限制时，碳纤维布加固方法是可选择的一种方法。该法工艺简便，无须大型设备、模板、夹具及支撑，操作起来简单易行；施工时所需工作面小，在作业空间受限制时，该优点是其他加固方法无法比拟的。

④采用碳纤维布加固补强，对原结构不产生新的损伤。碳纤维布加固补强系采用环氧树脂系列的黏结材料，不需要设置锚固螺栓及开凿混凝土等，因而不会对已经损伤的结构产生新的破坏，还可避免钻孔时与结构内原有钢筋和预应力索发生冲突而引起新的问题。

⑤能有效地封闭混凝土的裂缝。碳纤维布粘贴在混凝土的表面，不仅封闭了混凝土的裂缝，其高强高模量的特性，还约束了混凝土结构裂缝的生成与扩展，改变了裂缝的形态，使宽而深的裂缝变成分散的细微裂缝，从而提高混凝土构件的整体刚度。

⑥碳纤维布具有优良的耐化学腐蚀性。碳纤维布是一种复合材料，几乎无腐蚀性、磁性，且具有较好的耐热性，不仅经得起水泥碱性的侵蚀，而且当应用于经常受盐害侵蚀等腐蚀性环境时，其寿命也较长。因此粘贴碳纤维布加固法在不利环境下较其他方法更显出其优异性。

⑦不影响结构的外观。碳纤维布的厚度很薄，粘贴固化后其表面还可以涂刷一层与原有结构外观颜色一致的涂料，而不影响结构的外观。

4. 碳纤维布加固旧桥施工工艺与要求

（1）一般施工工艺（施工前的准备作业、基面处理）。

混凝土表面的劣化层（如浮浆、风化层等）要用砂轮机进行清除和打磨；基面的错位与凸出部分要磨平，转角部位要进行倒角处理；裂缝处要注入环氧树脂进行修补。

基面的清洗：先用钢丝刷将表面松散浮渣刷去，然后用压缩空气除去粉尘；用丙酮或无水酒精擦拭表面，也可用清水冲洗，但必须保证其充分干燥后才能进行下一道工序的施工。

刷底涂胶：按比例准确配制好底涂胶并搅拌均匀，注意一次调配的量要在可使用时间内用完，超过时间的绝对不能使用，以确保黏结质量；用滚筒或刷子均匀地涂抹在基面上，注意直横向均匀涂抹，自然风干。如在冬季施工，胶的黏度较高，不能涂得太厚，底涂胶硬化后，在表面有凸起部分时，要用磨光机或砂纸打磨；待底涂胶指触干燥后，进入下道工序。

粘贴面的修补：若发现粘贴面上有凹入部分，应用找平胶进行修补，保证粘贴面的平整，以确保加固效果。待找平胶干燥后进入下一道工序。

粘贴碳纤维布：在待粘贴面上划出各层位置；依设计尺寸裁剪碳纤维布，应根据现场施工经验和作业空间确定下料长度。若需要接长时，接头的长度应根据实际情况而定，一般不得小于 15 cm；下料数量应以当天能用完为准；粘贴碳纤维布时，应依设计位置由上而下、由左至右有秩序地粘贴，并以滚筒压挤贴片，使碳纤维布与浸渍树脂充分结合，同时以压板去除气泡；即时观察贴片是否粘贴密实，若发现有间隙或气泡，应及时处理。

罩面防护处理：粘贴完碳纤维布后，即时在其表面再直横向均匀涂抹一层浸渍树脂，自然风干；确保贴片表面已充分风干结合后，在其表面涂抹罩面胶或采取其他措施，以保证各层胶的耐久性。

（2）粘贴施工要求。

①对被加固构件的基面要求。用碳纤维布加固混凝土构件是依赖于碳纤维布与构件表面的粘贴效率，所以要求基面的混凝土强度等级不低于 C15。同时要求被加固构件应具有良好的保护层，即基面平整且具有一定强度。对于构件有剥落、起皮、腐蚀、裂缝及严重碳化等表面缺损，必须先进行修复，并应将粘贴基面打磨平整、清理干净，且不应存在尖锐棱角和浮灰粉尘，防止碳纤维布的局部剥断破坏和粘贴失效。

②碳纤维布的粘贴。用碳纤维布加固混凝土构件，宜采用薄布多层的粘贴方法，使其与黏结材料充分浸润，确保黏结效率。

对于受弯构件，宜在受拉区沿轴向平直粘贴碳纤维布进行加固补强，并在主纤维方向的断面端部进行附加锚固处理。

③碳纤维布的搭接与截断。加固用的碳纤维布一般不宜采取沿主纤维方向的搭接，尤其是对受拉构件和受弯构件受拉区的加固。根据国内外对碳纤维布与混凝土间黏结锚固的试验结果，黏结应力主要集中于端部 100 mm 范围内，黏结破坏是脆性的，且黏结应力一般不会扩展。因此，若碳纤维布确需搭接，其搭接部位应避开构件应力最大区段，搭接长度不应小于 100 mm，且搭接端部应平整无翘曲；多层搭接的各层接口位置不应在同一截面，每层接口位置的净距宜大于 200 mm。

④施工时其他应注意的事项。现场气温低于 5 ℃ 或雨天，应停止施工；在施工现场，应做好防火等安全措施；各种胶黏附在皮肤上时，要用肥皂水冲洗，特别是进入眼内，要立即用水冲洗，或接受医生诊治。

⑤加固所用的碳纤维布及其配套黏结材料，均应有厂家所提供的材料检验证明和合格证。

5.4.2　粘贴芳纶纤维布加固法

芳纶纤维布与碳纤维布一样是一种重量轻、柔软、耐久、耐腐蚀、不导电、抗动载、抗冲击性能好的高性能补强材料。其主要性能指标见表 5-1。

表 5-1　芳纶纤维布（单向）的主要性能指标

规格	单位面积纤维质量 /（g·m⁻²）	幅宽 /mm	抗拉强度 /MPa	弹性模量 /GPa	保证强度 /（kN·m⁻¹）	设计厚度 /mm
AFS-40	280	100/300/500	2060	118	400	0.193
AFS-60	415	100/300/500	2060	118	400	0.286
AFS-90	623	100/300/50	2060	118	400	0.430
AFS-120	830	100/300/500	2060	118	400	0.572

采用粘贴芳纶纤维布加固桥梁，其施工工艺与粘贴碳纤维布加固桥梁的施工工艺基本相同，在此不再赘述。

5.4.3　纤维复合材料加固设计及要点

(1)采用纤维复合材料加固受压柱时，原构件混凝土强度等级不得低于 C25。

(2)纤维复合材料宜粘贴呈条带状，非围束时板材不宜超过 2 层，布材不宜超过 3 层。

(3)对钢筋混凝土柱进行粘贴纤维复合材料加固时，条带应粘贴成环形箍，且纤维方向应与柱的纵轴线垂直。加固大偏心受压构件，可将纤维复合材料粘贴于构件受拉区边缘混凝土表面，纤维方向应与柱的纵轴线方向一致。加固受拉构件，纤维方向应与构件受拉方向一致。梁的受拉区两侧粘贴纤维复合材料进行抗弯加固时，粘贴高度不宜高于 1/4 梁高；采用封闭式粘贴或 U 形粘贴对梁、柱构件进行斜截面加固时，纤维方向宜与构件轴线垂直或与其主拉应力方向平行。

(4)纤维复合材料沿纤维受力方向的搭接长度不应小于 100 mm，当采用多条或多层纤维复合材料加固时，其搭接位置应相互错开。

(5)当纤维复合材料绕过构件(截面)的外倒角时，构件的截面棱角应在粘贴前打磨成圆弧面(图 5-18)，圆弧半径：梁不应小于 20 mm；柱不应小于 25 mm。对于主要受力纤维复合材料不宜绕过内倒角。

(6)粘贴多层纤维复合材料加固时，宜将纤维复合材料逐层截断，并在每层截断处最外侧加压条，其粘贴形式采用内短外长式，如图 5-19 所示。

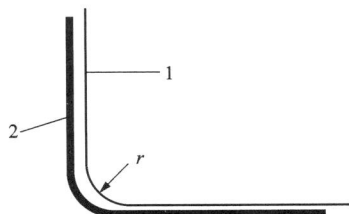

1—构件；2—纤维复合材料。

图 5-18　构件外倒角处粘贴示意

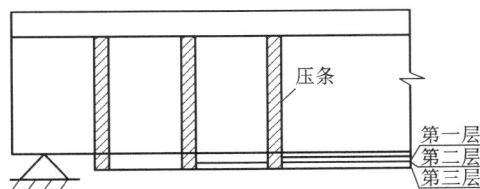

图 5-19　多层纤维复合材料粘贴构造

(7)采用纤维复合材料对钢筋混凝土梁或柱的斜截面承载力进行加固时，其构造应符合下列规定：

①宜选用环形箍或加锚固的 U 形箍；仅按构造需要设箍时，也可采用一般 U 形箍。

②U 形箍的纤维受力方向应与构件轴向垂直。

③一般情况下，在梁的中部应增设一道纵向中压带。

5.4.4　加固实例

天津于家岭大桥是一座钢筋混凝土简支梁桥，桥长 702.5 m，桥宽 9 m，单孔跨径 13.5 m，共 52 孔。上部结构由 6 片 T 形梁组成，下部结构是灌注桩双柱式墩台。由于 1976 年唐山地震及重载车行驶等的影响，桥梁的上、下部结构均受到不同程度的损害，尤其是下部结构的帽梁和墩柱损坏比较严重。部分帽梁的负弯矩区里出现了宽达 1.5 mm 的裂缝，正弯矩区也有少数由下向上的垂直裂缝，靠近支点的帽梁腹板有剪力引起的斜裂缝，最大缝 2 mm。还有部分墩柱出现不同程度的纵裂和横裂。经诊断并由业主及有关部门共同研究，采用了碳纤维修补方案，在帽梁负弯矩区先将裂缝注入环氧树脂封闭，然后打磨平整，顺抗力方向粘贴 1~2 层 TXD-C-20 型碳纤维片。腹板的剪力补强用上述同样的方法，粘贴了两层 TXD-C-20 型碳纤维片，一层沿垂直方向粘贴，一层沿水平方向粘贴。墩柱用同样方法在补强区沿垂直方向粘贴一层、环包一层 TXD-C-20 型碳纤维片。碳纤维片的施工与桥面的维修同时进行，甚为简便。补强后安全运营至今。

【例】 预制钢筋混凝土简支空心板的截面尺寸如图 5-20 所示，顶板宽度为 900 mm，板间设同等级混凝土铰缝，截面高度 $h=600$ mm；采用 C25 混凝土，HRB335 钢筋，截面受拉钢筋为 10 根 $\Phi25(A_s=4909\ mm^2)$；$a_s=45$ mm；安全等级为二级，I 类环境条件。因桥梁设计荷载等级提高，拟在板底粘贴一层总宽度为 300 mm 的 I 级碳纤维布进行加固，碳纤维布计算厚度 $t_f=0.167$ mm，弹性模量 $E_f=2.4\times10^5$ MPa，抗拉强度标准值为 3400 MPa。加固前恒载作用下跨中截面处弯矩 $M_{GK}=97.8$ kN·m。试计算加固后截面的抗弯承载力。

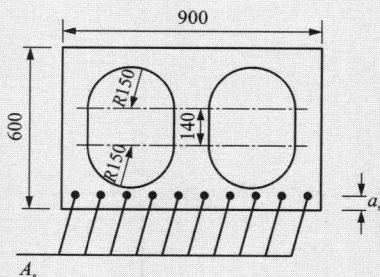

图 5-20 钢筋混凝土简支空心板截面

【解】 由题意可知，材料强度等参数取值：$f_{cd}=11.5$ MPa，$f_{sd}=280$ MPa，$E_c=2.8\times10^4$ MPa，$E_s=2\times10^5$ MPa，$\xi_b=0.56$，$\gamma_0=1.0$，$\varepsilon_{cu}=0.0033$。

$$a_{Es}=\frac{E_s}{E_c}=\frac{2\times10^5}{2.8\times10^4}=7.143$$

(1) 截面等效换算。

根据面积、惯性矩不变的原则，将空心板截面换算成等效的工字形截面，将空心板的孔洞换算成 $b_k h_k$ 的矩形孔，按下式计算：

$$b_k h_k=\frac{\pi}{4}D^2+Dh_1$$

$$\frac{1}{12}b_k h_k^3=\frac{\pi D^4}{64}+\frac{h_1 D^3}{6}+\frac{\pi D^2 h_1^2}{16}+\frac{Dh_1^3}{12}$$

代入数据，得：

$$b_k h_k = \frac{\pi}{4} \times 300^2 + 300 \times 140$$

$$\frac{1}{12} b_k h_k^3 = \frac{\pi 300^4}{64} + \frac{140 \times 300^3}{6} + \frac{\pi \times 300^2 \times 140^2}{16} + \frac{300 \times 140^3}{12}$$

联立求解得：$h_k = 392$ mm，$b_k = 287$ mm。

考虑到铰缝参与顶板受压，取顶板计算宽度 $b_f = 1000$ mm，$y_1 = y_2 = 300$ mm，等效工字梁截面尺寸为：

上翼板厚度：

$$h_{f1}' = y_1 - \frac{1}{2} h_k = 300 - 0.5 \times 392 = 104 \text{ mm}$$

下翼板厚度：

$$h_{f2}' = y_2 - \frac{1}{2} h_k = 300 - 0.5 \times 392 = 104 \text{ mm}$$

腹板厚度：

$$b = b_f - 2b_k = 1000 - 2 \times 287 = 426 \text{ mm}$$

有效高度：

$$h_0 = h - a_s = 600 - 45 = 555 \text{ mm}$$

（2）加固后承载力检算。

在板底粘贴的碳纤维布面积：

$$A_f = 300 \times 0.167 = 50.1 \text{ mm}^2$$

① 截面受拉边缘混凝土初始应变 ε_1 的计算。

假设开裂截面受压区高度 $x_1 > h_f'$，开裂截面换算截面受压区高度的 x_1 的计算式为：

$$x_1 = \sqrt{A_1^2 + B_1} - A_1$$

$$A_1 = [a_{Es} A_s + (b_f' - b) h_f'] / b$$

$$= [7.143 \times 4909 + (1000 - 426) \times 104] \div 426 \approx 222 \text{ mm}$$

$$B_1 = [2a_{Es} A_s + (b_f' - b) h_f'] / b$$

$$= [2 \times 7.143 \times 4909 \times 555 + (1000 - 426) \times 104^2] \div 426$$

$$= 1.06 \times 10^5 \text{ mm}^2$$

于是

$$x_1 = \sqrt{222^2 + 1.06 \times 10^5} - 222 = 172 \text{ mm} > 104 \text{ mm}$$

假设正确。

开裂截面惯性矩为：

$$I_{cr} = b_f x_1^3 \div 3 - (b_f - b)(x_1 - h_f')^3 \div 3 + a_{Es} A_s (h_0 - x_1)^2$$

$$= 1000 \times 172^3 \div 3 - (1000 - 426) \times (172 - 104)^3 \div 3 + 7.143 \times 4909 \times (555 - 172)^2$$

$$= 6.78 \times 10^9 \text{ mm}^4$$

第一阶段弯矩：

$$M_{dl} = \gamma_0 M_{GK} = 1.2 \times 97.8 = 117.4 \text{ kN} \cdot \text{m}$$

加固前在第一阶段弯矩作用下，截面受拉边缘混凝土的初始应变为：

$$\varepsilon_1 = \frac{M_{dl}(h - x_1)}{E_c I_{cr}} = \frac{117.4 \times 10^6 \times (600 - 172)}{2.8 \times 10^4 \times 6.78 \times 10^9} = 2.647 \times 10^{-4}$$

②ξ_{fb} 的计算。

$$n_f E_f t_f = 1 \times 2.4 \times 10^5 \times 0.167 = 40080 < 214000$$

故

$$k_{m1} = 1 - \frac{40080}{428000} = 0.906$$

Ⅰ类环境条件下碳纤维布 $k_{m2} = 0.85$，k_m 取 k_{m1} 和 k_{m2} 中较小值，即 $k_{m2} = 0.85$。

$$\varepsilon_{fu} = \frac{3400}{2.4 \times 10^5} = 0.0142$$

$$[\varepsilon_f] = k_m \varepsilon_{fu} = 0.085 \times 0.0142 = 0.012 > \min\left(\frac{2}{3}\varepsilon_{fu}, 0.007\right) = 0.007，取 [\varepsilon_f] = 0.007$$

$$\xi_{fb} = \frac{0.8\varepsilon_{cu}}{\varepsilon_{cu} + [\varepsilon_f] + \varepsilon_1} = \frac{0.8 \times 0.0033}{0.0033 + 0.007 + 0.0002647} = 0.250$$

③正截面承载力检算。

假设受压区高度 $x_1 > h_f' = 104$ mm，且 $x_1 > \xi_{fb}h = 0.250 \times 600 = 150$ mm，通过下式求受压区高度及碳纤维布应变：

$$f_{cd}bx + f_{cd}(b_f' - b)h_f' + f_{sd}'A_s' = f_{sd}A_s + E_f\varepsilon_f A_f (\varepsilon_{cu} + \varepsilon_f + \varepsilon_1)x = 0.8\varepsilon_{cu}h$$

代入数据，即

$$11.5 \times (1000 - 426) \times 104 + 11.5 \times 426x = 280 \times 4909 + 240000 \times \varepsilon_f \times 50.1$$

$$(0.0033 + \varepsilon_f + 2.647 \times 10^4)x = 0.8 \times 0.0033 \times 600$$

联立以上两式得：

$$x = 156.5 \text{ mm} > 104 \text{ mm}$$

$$\xi_{fb}h < x < 0.8\xi_b h_0 = 0.8 \times 0.56 \times 555 = 249 \text{ mm}$$

$$\varepsilon_f = 6.555 \times 10^{-3} < [\varepsilon_f] = 0.007$$

跨中截面抗弯承载力为：

$$M_u = f_{cd}bx\left(h_0 - \frac{1}{2}x\right) + f_{cd}(b_f' - b)h_f'\left(h_0 - \frac{h_f'}{2}\right) + E_f\varepsilon_f A_f a_s$$

$$= 11.5 \times 426 \times 156.5 \times \left(555 - \frac{156.5}{2}\right) + 11.5 \times (1000 - 426) \times 104 \times \left(555 - \frac{104}{2}\right) +$$

$$240000 \times 6.555 \times 10^{-3} \times 50.1 \times 45$$

$$= 714.4 \text{ kN} \cdot \text{m}$$

5.5　增加辅助构件加固方法与技术

1. 增设纵梁加固法

在墩台地基安全性能好并具有足够承载力的情况下，可采用增设承载力高和刚度大的新纵梁，这些新梁与旧梁互相连接，共同受力。由于荷载在新增主梁后的桥梁结构中重新分布，使原有梁中所受荷载得以减少，加固后的桥梁承载力和刚度得到提高。当增设的纵梁位于主梁的一侧或两侧时，则兼有加宽的作用。

旧桥主梁中间增设纵梁时，可拆除个别主梁或两相邻主梁之间的翼板，从而形成空位，然后在空位上安装承载力和刚度都比原有主梁大的新纵梁，如图 5-21 所示。

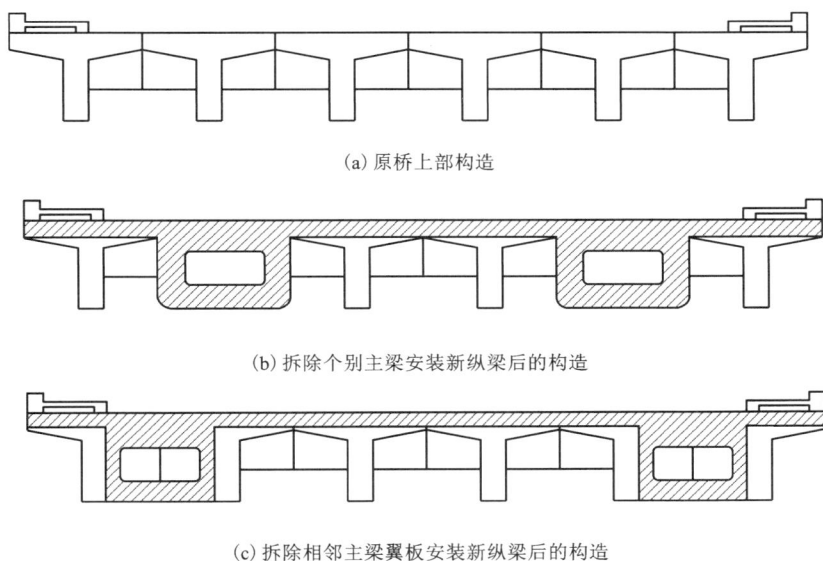

(a) 原桥上部构造

(b) 拆除个别主梁安装新纵梁后的构造

(c) 拆除相邻主梁翼板安装新纵梁后的构造

图 5-21　钢筋混凝土 T 形梁桥增设纵梁的加固形式

采用这种加固法，普遍感到困难的是使新旧混凝土良好连接。因此，必须注意做好新旧梁之间的横向联结。横向联结的做法很多，有企口铰接、键槽联结、焊接和钢板铰接等。

对装配式板梁，可采用企口铰接、键槽联结的形式。梁跨中部常采用企口铰接，而在较薄弱的梁端需采用数道键槽联结，如图 5-22 所示。

原桥为装配式 T 梁时，可采用沿梁跨设置数道键槽的方法，使新纵梁与原有主梁的翼板联结成一体。这种键槽联结能承受接头处的剪切应力和局部承压力。为实现这种键槽联结，施工时必须在原梁翼板上每隔一小段距离凿一个正方形或圆形孔洞，安装后正好与原有主梁互相吻合对齐。键槽的构造如图 5-22(a) 所示，刚性型钢筋的构造如图 5-22(b) 所示。在设置好锚固钢筋和防收缩钢筋网之后，在对齐的孔洞中和装配式钢筋混凝土梁的接缝中浇筑细

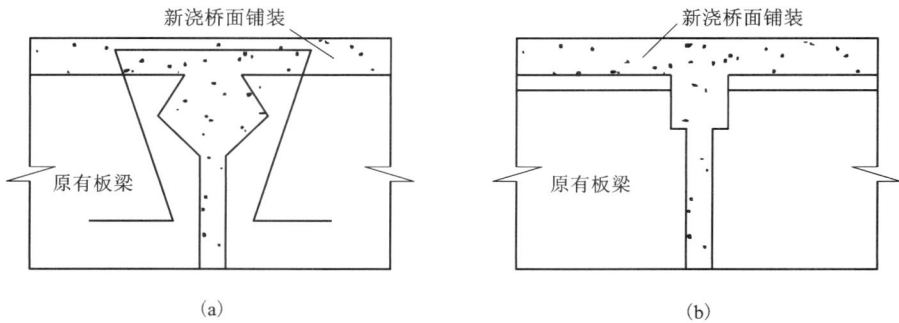

图 5-22 新旧装配式钢筋混凝土板梁的联结形式

石水泥混凝土使之成为整体。

采用这种加固方法加固的桥梁，对其做静动试验的情况表明，加固后桥梁整体刚度增大，荷载横向分布性能改善，各梁受力均匀，实测挠度很小，能达到提高通行能力的要求。

2. 增设横隔梁

对于因横向整体性差而降低承载力的桥梁上部结构，可以采用增加横隔梁的方法，即增加各主梁之间的横向连接。此时可在新增横隔梁部位的主梁梁肋上钻孔，设置贯通全桥宽的横向连接钢筋，此钢筋的梁端用螺帽锚固在两侧主梁梁肋外侧。浇筑新增横隔梁混凝土之前应将与主梁结合处的混凝土表面凿毛洗净，然后悬挂模板浇筑横隔梁混凝土。

3. 梁式桥上部结构拓宽改建

为了提高桥梁的通航能力，适应路线拓宽改建的要求，较窄的桥梁必须拓宽改建。梁式桥上部结构的拓宽改建，有单边拓宽和双边对称拓宽两种形式。

（1）单边拓宽改建法。

当原有铁路路线是以单边拓宽进行改建时，相应地对旧桥也可采用单边拓宽的形式予以改建。单边拓宽的做法是平行于原桥另建一座新的桥跨结构，如图 5-23 所示。

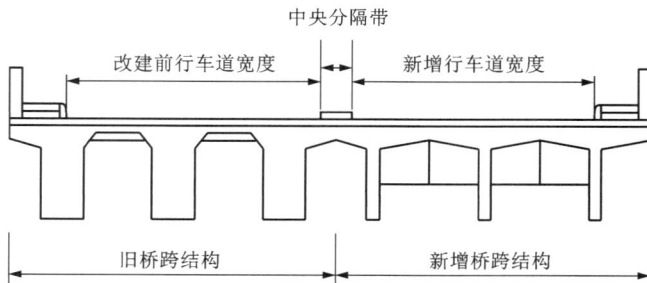

图 5-23 单边拓宽钢筋混凝土梁式桥的实例

（2）双边对称拓宽改建法。

为了与原有公路路线双边对称拓宽的方案相适应，许多旧桥也应采用双边对称拓宽的改建方案。双边拓宽的形式，主要有增设独立边梁作为人行道，以及增设大边梁来拓宽旧桥桥面和提高旧桥承载力等。

施工步骤如下：

①掀开桥面铺装，凿除旧梁翼板，切断横隔梁。

②利用原桥搭设脚手架，支立模板，安装钢筋骨架，安装支座。

③浇筑混凝土，强度达到 75% 时拆除模板。

④焊接新旧横隔梁联结部位的钢板，浇筑接缝处的混凝土。

⑤焊接上翼板处和桥面的钢筋，并浇筑混凝土。

5.6　改变结构体系加固方法与技术

1. 改变结构体系加固的概念

改变结构体系加固，实际就是通过改变桥梁结构体系以减少梁内应力，提高桥梁的承载力，例如：在简支梁下增设支架或桥墩；把简支梁与简支梁加以连接，使简支梁变为连续梁；在梁下增设钢桁架等的加劲梁或叠合梁；改小桥为涵洞等。

改变结构体系的加固方法很多（图 5-24），但往往皆要在桥下操作，或设置永久设施，影响了桥下净空。因此，该法要在不影响通航及桥梁排洪能力的情况下使用。

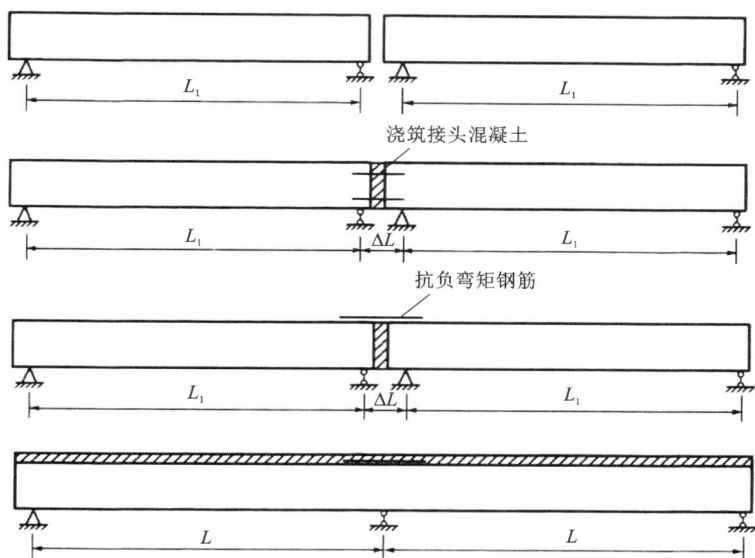

图 5-24　改变结构体系加固

该法加固效果较好,也是一种解决临时通行超重车辆常见的加固措施。重车通过后临时支墩可以拆除,故对通航、排洪影响不大。

改变桥梁原结构受力体系会使某些控制截面内力下降,但也会使某些截面内力增大,或者支承反力发生变化。因此,使用该法加固梁桥要求:

(1)对需要采用改变结构体系加固方法加固的结构,须进行深入、细致的方案论证。

(2)采用改变结构体系加固方法前,应对新、旧整体结构的各受力阶段进行检算。

(3)必要时综合使用其他加固法作为加固补充。

(4)施工中应严格执行规定的施工方法。

2. 简支梁变为连续梁加固法

如上所述,采用在简支梁下增设临时支墩,或把相邻的简支梁加以连接的方法,可改变原有结构物的受力体系,由简支梁变为连续梁。

将多跨简支梁的梁端连接起来,变为多跨连续梁,可改善结构的受力状况,提高桥梁的承载力。其基本做法如下:

(1)掀开桥面铺装层,将梁顶保护层凿除,使主筋外露,并将箍筋切断拉直。然后沿梁顶增设纵向受力主筋;钢筋直径和根数依梁端连接处所受负弯矩大小来配置。

(2)浇筑梁顶加高混凝土和梁端接头混凝土。

(3)拆除原有支座,用一组带有加劲垫板的新支座代替原有的两个支座。

(4)重新做好桥面铺装。

由简支梁变为连续梁,降低了车辆活载、人群以及二期恒载在原梁跨中截面的弯矩,但在原相邻跨梁端将出现负弯矩,同时支座反力也会发生变化,如图 5-25 所示。该方法的构造要求为:

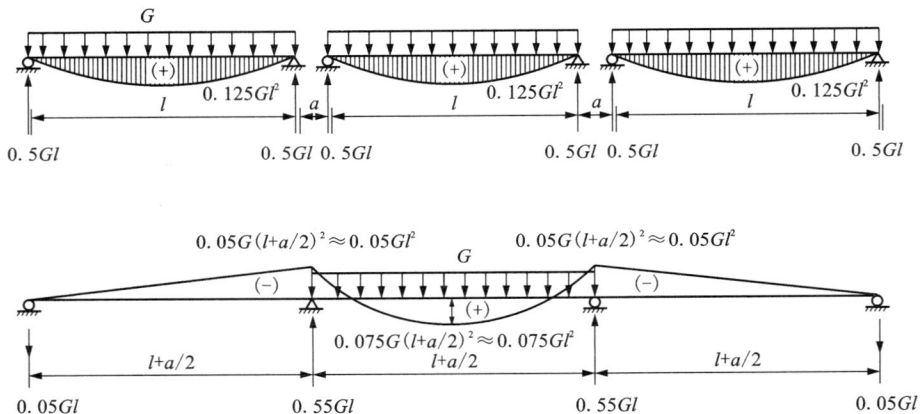

图 5-25 简支梁变为连续梁加固法

（1）简支梁变连续梁加固的结构可采用在墩顶部位结构上缘加设普通钢筋或增设预应力束，并现浇接头混凝土形成结构连续体系。原梁的截面尺寸不足时，需采用增大截面加固法等措施。

（2）中支点处 T 梁应新增横系梁。

（3）除对主梁墩顶部位连接段进行分析外，还应对其他相关截面进行检算。在进行简支梁体系转换后的正截面承载力和斜截面承载力计算时，结构体系转换前恒载仍由简支梁体系承担，转换后新加恒载及活载由连续梁体系承担。对于桥龄 10 年以上的桥梁，可不考虑原混凝土收缩、徐变的影响。

临时支架的加固，改变了原简支梁桥的受力体系，支点处将产生负弯矩，故必须进行受力检算。此法由于缩短了桥梁跨径，使桥梁承载力得到提高。

3. 增设支承结构加固法

该法适用于桥下净空有利用空间的梁、板、桁架等结构的加固。按支承结构与原结构的连接形式不同，其可分为固结法和铰支法两种，按支承结构的竖向刚度大小，其可分为刚性支撑和弹性支撑。支承结构的竖向变形对主梁内力的影响可以忽略时按刚性支撑计算，否则按弹性支撑考虑。为充分发挥新增构件的作用，宜采用预顶措施。预顶力的大小及施力位置以保证结构恒载下的安全为原则。加固计算要求如下：

（1）固结法加固要求新增结构与主梁固结。计算时需根据主梁预顶情况对结构进行必要的检算。基础检算时应考虑新增结构传递弯矩的影响。

（2）铰支法加固是指主梁与新增结构铰接。主梁应检算预顶力及位移所产生的效应；同时应检算支承结构及基础在预顶力作用下的效应。

4. 加劲梁或叠合梁加固法

采用加劲梁或叠合梁以增强主梁的承载力，也是常用的改变桥梁结构体系的一种加固法。加劲梁或叠合梁的形式有多种，如图 5-26 所示。

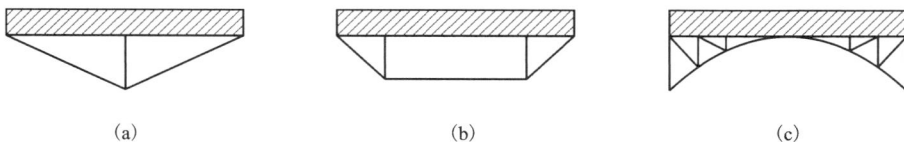

(a)　　　　　　　　　(b)　　　　　　　　　(c)

图 5-26　加劲梁或叠合梁加固法

采用加劲梁或叠合梁加固时，应根据加固时结构体系转换的实际受力状态，分清主次，进行合理的抽象和简化，得出计算图示，进行补强计算。因实际结构比较复杂，各种结构部分之间存在着多种多样的联系，而决定联系性质的主要因素是各种结构部分的刚度比值。故新旧结构体系可依据相对刚度大小分解为基本部分和附属部分，以分开计算其内力，如分为主梁与次梁、主跨与副跨，并注意略去结构的次要变形，从而得到较简明的力学图式。

5. 改桥为涵加固法

对于跨径较小的桥梁，在不影响通航和排洪能力的情况下，可采用改桥为涵的方法进行加固，如图 5-27 所示。涵洞的形式可采用圆管涵、拱涵等形式，因构造简单，这里就不一一赘述了。

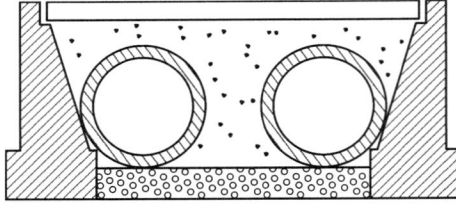

图 5-27　改梁为涵的构造示意

第 6 章

铁路桥梁维修加固基本技术

铁路桥梁维修加固的基本技术主要包括植筋技术、锚栓技术、裂缝修补技术、混凝土密封和处理技术。植筋技术和锚栓技术是混凝土结构加固较简捷、有效的连接与锚固技术，可植入普通钢筋和螺栓式锚筋，已广泛应用于加固改造工程。裂缝修补技术是一种专门技术。混凝土裂缝的起因复杂、性状和大小不一，需采用不同的方法进行修补，使结构因开裂而降低的使用功能和耐久性得以恢复。对受力性裂缝，除修补外，尚应采用相应的加固措施。混凝土密封和处理技术是指采用密封剂充填、聚合物灌浆、涂膜等方法，对混凝土进行局部替换、修补、防水、防潮和防裂处理的技术。铁路桥梁加固时，不同的加固方法可能用到多种基本加固技术。本章对铁路桥梁维修加固常用的基本技术的计算、构造要求、施工要点等进行了介绍。

6.1 植筋技术

6.1.1 一般规定

植筋技术适用于钢筋混凝土结构和预应力混凝土构件的锚固，不适用于素混凝土构件，包括纵向受力钢筋配筋率低于最小配筋百分率规定的构件的锚固。素混凝土构件及低配筋率构件的植筋应按锚栓进行设计计算。

采用植筋技术时，原构件的混凝土强度等级应符合下列规定：

（1）当新增构件为悬挑结构构件时，原构件混凝土强度等级不得低于 C25。

（2）当新增构件为其他结构构件时，原构件混凝土强度等级不得低于 C20。

（3）采用植筋锚固时，其锚固部位的原构件混凝土不得有局部缺陷。若有局部缺陷，应先进行补强或强化处理后再植筋。

植筋的材料应符合下列规定：

（1）植筋用的钢筋应采用质量和规格符合本书第 2 章规定的带肋钢筋。

（2）植筋用的胶黏剂必须为改性环氧类、改性乙烯基酯类、改性氨基甲酸酯胶黏剂。当植筋的直径大于 22 mm 时，应采用 A 级胶。锚固用胶黏剂的质量和性能应符合本书第 2 章的规定。

植筋的环境应符合下列规定：

（1）采用植筋锚固的混凝土结构，其长期使用的环境温度不应高于 60 ℃。

（2）处于特殊环境（如高温、高湿、介质腐蚀等）的混凝土结构采用植筋技术时，除应按国家现行有关标准的规定采取相应的防护措施外，尚应采用耐环境因素作用的胶黏剂。

6.1.2　计算方法

承重构件的植筋锚固计算应遵守下列规定：

（1）植筋设计应在计算和构造上防止混凝土发生劈裂破坏。

（2）植筋仅承受轴向力，且仅允许按充分利用钢材强度的计算模式进行设计。

（3）植筋胶黏剂的黏结强度设计值应按本章的规定值采用。

（4）地震区的承重结构，其植筋承载力仍按本节的规定进行计算，但其锚固深度设计值应乘以考虑位移延性要求的修正系数。

（5）植筋锚固可采用极限状态法计算。

单根植筋锚固的承载力设计值应符合下列规定：

$$N_t^b = f_y \cdot A_s \tag{6-1}$$

$$l_d = \psi_N \cdot \psi_{ae} \cdot l_s \tag{6-2}$$

式中：N_t^b——植筋钢材轴向受拉承载力设计值。

f_y——植筋用钢筋的抗拉强度设计值。

A_s——钢筋截面面积。

l_d——植筋锚固深度设计值。

l_s——植筋的基本锚固深度。

ψ_N——考虑各种因素对植筋受拉承载力影响而需加大锚固深度的修正系数。

ψ_{ae}——考虑植筋位移延性要求的修正系数；当混凝土强度等级低于 C30 时，对 6 度区及 7 度区一、二类场地，取 $\psi_{ae}=1.1$；对 7 度区三、四类场地及 8 度区，取 $\psi_{ae}=1.25$。当混凝土强度高于 C30 时，取 $\psi_{ae}=1.0$。

植筋的基本锚固深度 l_s 应按下列公式确定：

$$l_s = \frac{0.2\alpha_{spt}df_y}{f_{bd}} \tag{6-3}$$

式中：α_{spt}——为防止混凝土劈裂而采用的计算系数，按表 6-1 确定。

d——植筋公称直径。

f_{bd}——植筋用胶黏剂的黏结强度设计值，按表 6-2 的规定值采用。

表 6-1　考虑混凝土劈裂影响的计算系数 α_{spt}

混凝土保护层厚度 c/mm		25		30		35	≥40
箍筋设置情况	直径 ϕ/mm	6	8 或 10	6	8 或 10	≥6	≥6
	间距 s/mm	在植筋锚固深度范围内，s 不应大于 100 mm					

续表6-1

混凝土保护层厚度 c/mm		25		30	35	$\geq$40
植筋直径 d/mm	$\leq$20	1.0		1.0	1.0	1.0
	25	1.1	1.05	1.05	1.0	1.0	1.0
	32	1.25	1.15	1.15	1.1	1.1	1.05

注：当植筋直径介于表列数值之间时，可按线性内插法确定 α_{spt} 值。

表 6-2　黏结强度设计值 f_{bd}

单位：MPa

胶黏剂等级	构造条件	混凝土强度等级				
		C20	C25	C30	C40	$\geq$C60
A 级胶或 B 级胶	$s_1 \geq 5d$、$s_2 \geq 2.5d$	2.3	2.7	3.4	3.6	4.0
A 级胶	$s_1 \geq 6d$、$s_2 \geq 3.0d$	2.3	2.7	3.6	4.0	4.5
	$s_1 \geq 7d$、$s_2 \geq 3.5d$	2.3	2.7	4.0	4.5	

注：1. 当使用表中的 f_{bd} 值时，其构件的混凝土保护层厚度应不低于现行《铁路桥涵混凝土结构设计规范》(TB 10092—2017)的规定值；

2. 表中 s_1 为植筋间距，s_2 为植筋边距；

3. 表中 f_{bd} 值仅适用于带钢筋的黏结锚固。

考虑各种因素对植筋受拉承载力影响，需加大锚固深度的修正系数 ψ_N，其应按下列公式计算：

$$\psi_N = \psi_{br}\psi_w\psi_T \tag{6-4}$$

式中：ψ_{br}——考虑结构构件受力状态对承载力影响的系数：当为悬挑结构构件时，$\psi_{br} = 1.5$；当为非悬挑的重要构件接长时，$\psi_{br} = 1.15$；当为其他构件时，$\psi_{br} = 1.0$。

ψ_w——混凝土孔壁潮湿影响系数，对耐潮湿型胶黏剂，按产品说明书的规定值采用，但不得低于 1.1。

ψ_T——使用环境的温度(T)影响系数，当 $T \leq 60$ ℃时，取 $\psi_T = 1.0$；当 60 ℃$< T \leq 80$ ℃时，应采用耐中温胶黏剂，并应按产品说明书规定的 ψ_T 值采用；当 $T > 80$ 时，应采用耐高温胶黏剂，并应采取有效的隔热措施。

承重结构植筋的锚固深度必须经设计计算确定，严禁按短期拉拔试验值或厂商技术手册的推荐值采用。

6.1.3　构造要求

当按构造要求植筋时，其最小锚固长度 L_{min} 应符合下列构造要求：

(1)受拉钢筋锚固：$\max(0.3l_s；10d；100\ mm)$；

(2)受压钢筋锚固：$\max(0.6l_s；10d；100\ mm)$；

注：对悬挑结构，构件尚应乘以 1.5 的修正系数。

当所植钢筋与原钢筋搭接(图6-1)时，其受拉搭接长度 l_1 应根据位于同一连接区段内的钢筋搭接接头面积百分率，按下列公式确定：

$$l_1 = \zeta l_d \tag{6-5}$$

式中：ζ——受拉钢筋搭接长度修正系数，按表 6-3 取值。

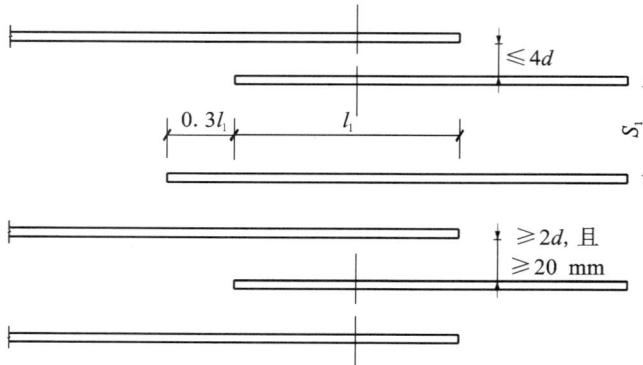

图 6-1　钢筋搭接

表 6-3　纵向受拉钢筋搭接长度修正系数 ζ

纵向受拉钢筋搭接接头面积百分率/%	≤25	50	100
ζ	1.2	1.4	1.6

注：1. 钢筋搭接接头面积百分率定义按现行《铁路桥涵混凝土结构设计规范》（TB 10092—2017）的规定采用；

　　2. 当实际搭接接头面积百分率介于表列数值之间时，按线性内插法确定 ζ 值；

　　3. 对梁类构件，受拉钢筋搭接接头面积百分率不应超过 50%。

当植筋搭接部位的箍筋间距 s 不符合表 6-1 的规定时，应进行防劈裂强化。此时，可采用纤维织物复合材料的围束作为原构件的附加箍筋进行强化。围束可采用宽度为 150 mm、厚度不小于 0.111 mm 的条带缠绕而成。缠绕时，围束间应无间隔，且每一围束所粘贴的条带不应少于 3 层。方形截面应打磨棱角。若采用纤维织物复合材料的围束有困难，也可剔去原构件混凝土保护层，增设新箍筋（或钢箍板）进行加密（或增强）后再植筋。

新植钢筋与原有钢筋在搭接部位的净间距，应按图 6-1 的标示值确定。若净间距超过 $4d$，则搭接长度应增加 $2d$，但净间距不得大于 $6d$。

用于植筋的钢筋混凝土构件，其最小厚度 h_{min} 应符合下列规定：

$$h_{min} \geq l_d + 2D \tag{6-6}$$

式中：D——钻孔直径，应按表 6-4 确定。

表 6-4　植筋直径与对应的钻孔直径设计值

植筋直径 d/mm	钻孔直径设计值 D/mm
12	15
14	18
16	20

续表6-4

植筋直径 d/mm	钻孔直径设计值 D/mm
18	22
20	25
22	28
25	31
28	35
32	40

植筋时，其钢筋宜先焊后植；若有困难而必须后焊，其焊点距基材混凝土表面应大于 $15d$，且应采用冰水浸渍的湿毛巾包裹植筋的根部。

【例】　某 6 度区结构，非悬挑主梁需要增大截面加固，混凝土标号 C30，主梁保护层厚度 30 mm，箍筋 $\Phi10$。受拉区植筋设计为 $4\Phi20$，植筋间距 120 mm，边距 60 mm，植筋胶采用 A 级胶，试计算承载力及锚固长度。

【解】　（1）植筋锚固的承载力设计值：

$$N_\text{t}^\text{b} = f_y A_s = 4\times360\times3.14\times100 = 4\times113.04 = 452.2 \text{ kN}$$

（2）植筋基本深度：

$$l_\text{s} = \frac{0.2\alpha_\text{spt} d f_y}{f_\text{bd}}$$

$$\alpha_\text{spt} = 1.0,\ d = 20,\ f_y = 360 \text{ MPa}$$

$$s_1 \geqslant 6d,\ s_2 \geqslant 3.0d$$

查表 6-2，得 $f_\text{bd} = 3.6$ MPa，则

$$l_\text{s} = 0.2\times1.0\times20\times360/3.6 = 400 \text{ mm}，取 400 \text{ mm}$$

（3）植筋锚固深度设计值：

$$l_\text{d} = \psi_\text{N} \psi_\text{ae} l_\text{s}$$

$$\psi_\text{N} = \psi_\text{br} \psi_\text{w} \psi_T = 1.05\times1.1\times1.0 = 1.155$$

$$\psi_\text{ae} = 1.10$$

$$l_\text{d} \geqslant 1.155\times1.10\times400 = 508.2 \text{ mm}，取整数 51 \text{ cm}。$$

综上，植筋的计算承载力为 452.2 kN，锚固长度 51 cm。

6.2　锚栓技术

6.2.1　一般规定

锚栓技术适用于混凝土桥梁的主要承重构件的锚固，不适用于严重风化的混凝土桥梁。

混凝土桥梁采用锚栓加固时，主要承重构件混凝土强度等级不应低于 C30，一般构件不应低于 C20。

主要设计原则：

（1）桥梁承重构件用的锚栓，应采用有机械锁键效应的后扩底锚栓（图 6-2），也可采用适应开裂混凝土性能的定型化学锚栓。当采用定型化学锚栓时，其有效锚固深度为：对承受拉力的锚栓，不得小于 $8.0d_0$（d_0 为锚栓公称直径）；对承受剪力的锚栓，不得小于 $6.5d_0$。

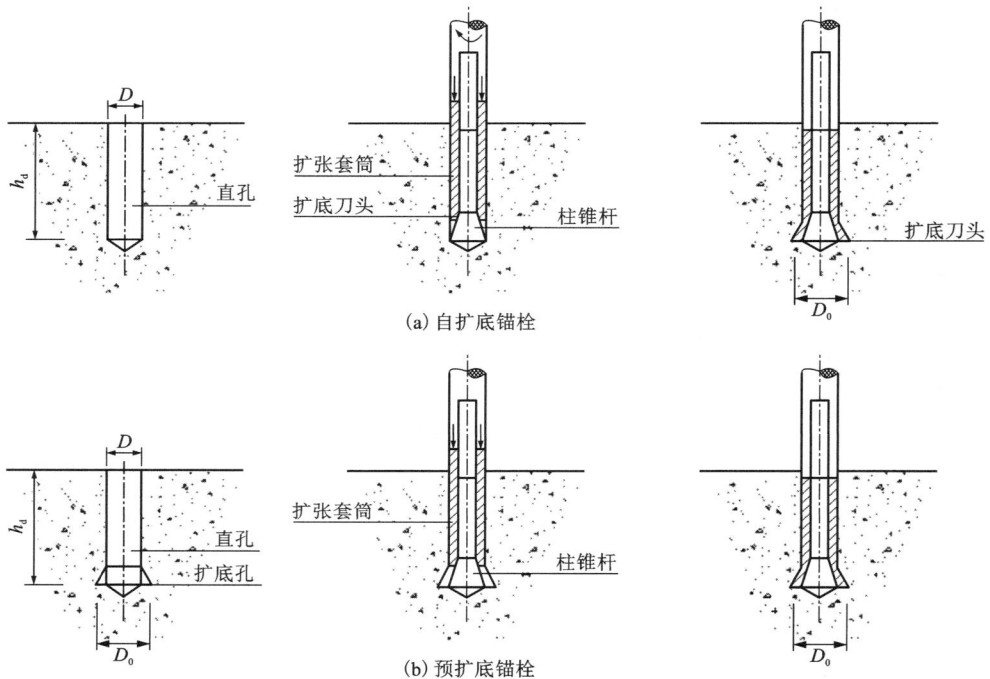

（a）自扩底锚栓

（b）预扩底锚栓

图 6-2　后扩底锚栓（D_0 为扩底直径）

（2）不得采用膨胀型锚栓作为桥梁主要承重构件的连接件。

（3）处于地震区的桥梁结构采用锚栓时，应采用加长型后扩底锚栓，且仅允许用于设防烈度不高于 8 度，建于 Ⅰ、Ⅱ 类场地的桥梁结构；定型化学锚栓仅允许用于设防烈度不高于 7 度的桥梁结构。

（4）锚栓连接的设计计算，应采用开裂混凝土的假定；不得考虑非开裂混凝土对其承载力的提高作用。

（5）锚栓的受力分析应符合《混凝土结构加固设计规范》（GB 50367—2013）附录 F 的规定。

6.2.2　计算方法

锚栓钢材的承载力检算，应按锚栓受拉、受剪及同时受拉剪作用等三种受力情况分别进行。

锚栓钢材受拉承载力设计值，应符合下列规定：

$$N_{t}^{a} = \psi_{E,t} f_{ud,t} A_{s} \tag{6-7}$$

式中：N_{t}^{a}——锚栓钢材受拉承载力设计值，N。

$\psi_{E,t}$——锚栓受拉承载力抗震折减系数。对 6 度区及以下，取 $\psi_{E,t} = 1.00$；对 7 度区，取 $\psi_{E,t} = 0.85$；对 8 度区 Ⅰ 、Ⅱ 、Ⅲ 类场地，取 $\psi_{E,t} = 0.75$。

$f_{ud,t}$——锚栓钢材用于抗拉计算的强度设计值。

A_{s}——锚栓有效截面面积。

碳钢、合金钢及不锈钢锚栓的钢材强度设计指标必须符合表 6-5 和表 6-6 的规定。

表 6-5　碳钢及合金钢锚栓钢材强度设计指标

性能等级		4.8	5.8	6.8	8.8
锚栓强度设计值/MPa	用于抗拉计算 $f_{ud,t}$	250	310	370	490
	用于抗剪计算 $f_{ud,v}$	150	180	220	290

注：锚栓受拉弹性模量 E_{s} 取 2.0×10^{5} MPa。

表 6-6　不锈钢锚栓钢材强度设计指标

性能等级		50	70	80
螺纹直径/mm		≤32	≤24	≤24
锚栓强度设计值/MPa	用于抗拉计算 $f_{ud,t}$	175	370	500
	用于抗剪计算 $f_{ud,v}$	105	225	300

锚栓钢材受剪承载力设计值应区分无杠杆臂和有杠杆臂两种情况进行计算。有杠杆臂的情况如图 6-3 所示。

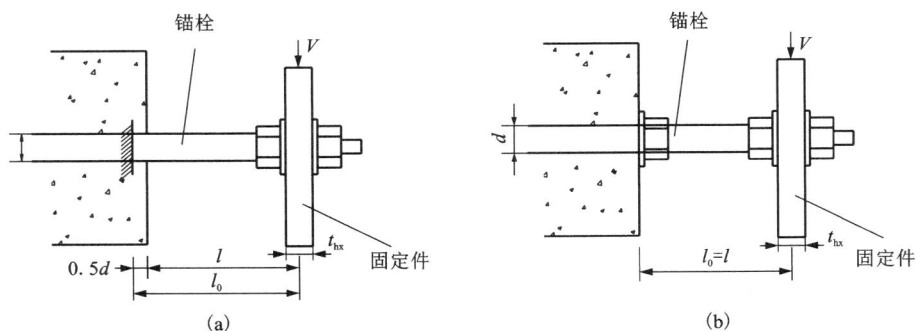

图 6-3　锚栓杠杆臂计算长度的确定

（1）无杠杆臂受剪。

$$V^{a} = \psi_{E,v} f_{ud,v} A_{s} \tag{6-8}$$

（2）有杠杆臂受剪。

$$V^{a} = 1.2 \psi_{E,v} W_{el} f_{ud,v} \left(1 - \frac{\sigma}{f_{ud,v}}\right) \frac{\alpha_{m}}{l_{0}} \tag{6-9}$$

式中：V^{a}——锚栓钢材受剪承载力设计值。

$\psi_{E,v}$——锚栓受剪承载力抗震折减系数。对 6 度区及以下，取 $\psi_{E,v}=1.00$；对 7 度区，取 $\psi_{E,v}=0.80$；对 8 度区 Ⅰ、Ⅱ、Ⅲ 类场地，取 $\psi_{E,v}=0.70$。

A_s——锚栓有效截面面积。

W_{el}——锚栓截面抵抗矩。

σ——被验算锚栓承受的轴向拉应力，其值按 N_t^a/A_s 确定，N_t^a 为轴向拉力，A_s 为钢筋截面面积。

α_m——约束系数，对图 6-3(a)，取 $\alpha_m=1$；对图 6-3(b)，取 $\alpha_m=2$。

l_0——杠杆臂计算长度，当基材表面有压紧螺帽时，取 $l_0=l$；当基材表面无压紧螺帽时，取 $l_0=l+0.5d$。

基材混凝土的承载力检算，应考虑三种破坏模式：混凝土呈锥形受拉破坏；混凝土边缘呈楔形受剪破坏；同时受拉、剪作用破坏。具体计算可按照《混凝土结构加固设计规范》（GB 50367—2013）中第 16 章的方法执行。

6.2.3 构造要求

桥梁混凝土构件的最小厚度不应小于 100 mm。桥梁主要承重结构用锚栓，其公称直径不得小于 12 mm；按构造要求确定的锚固深度不应小于 80 mm，且不应小于混凝土保护层厚度。锚栓的最小边距 D_{min}、临界边距 $D_{Dr,N}$、群锚的最小间距 S_{min}、临界间距 $S_{Dr,N}$，应符合表 6-7 的规定。

表 6-7 碳钢及合金钢锚栓钢材强度设计指标

D_{min}	$D_{Dr,N}$	S_{min}	$S_{Dr,N}$
$\geq 0.8h_{ef}$	$\geq 1.5h_{ef}$	$\geq 1.0h_{ef}$	$\geq 3.0h_{ef}$

注：h_{ef}——锚栓的有效锚固长度，mm，按定型产品说明书的推荐值取用。

地震区锚栓的实际锚固深度，应按《混凝土结构加固设计规范》（GB 50367—2013）计算确定的有效锚固深度乘以抗震构造修正系数 ψ_{aE} 后采用。对 6 度区，取 $\psi_{aE}=1.0$；对 7 度区，取 $\psi_{aE}=1.1$；对 8 度区 Ⅰ、Ⅱ 类场地，取 $\psi_{aE}=1.2$。

锚栓防腐蚀标准应高于桥梁本身的防腐蚀要求。

6.3 其他常用加固技术

6.3.1 裂缝处理

桥梁加固前须对裂缝进行全面的调查及标注，现场核实裂缝数量、长度、宽度等，并对裂缝编号，做好记录，绘制裂缝分布图。

桥梁混凝土构件裂缝处理时，应根据不同构件、不同部位、不同的裂缝形态选择适当的修补方法、修补材料和修补顺序。一般情况下，裂缝宽度小于 0.15 mm 的采用表面封闭法，裂缝宽度大于 0.15 mm 的采用自动低压渗注法或压力注浆法。处理裂缝的缝口表面时，应使工作面平顺、干燥、无油污;处理范围为沿裂缝走向宽 30~50 mm。

采用表面封闭法处理裂缝时,应在缝口表面处理后,用裂缝修补材料涂刷或用改性环氧胶泥适当加压刮抹。采用自动低压渗注法、压力注浆法时,注浆嘴沿裂缝走向布置,间距视缝宽度一般为 200~400 mm。采用压力注浆法修补裂缝时应根据浆液流动性选择注浆压力,一般为 0.1~0.4 MPa。竖向、斜向裂缝压浆应自下而上进行。压力注浆法施工工艺流程如图 6-4 所示,施工示意图如图 6-5 所示。

| 缝口表面处理 | → | 粘贴注浆嘴和出浆嘴 | → | 封缝 | → | 密封检查 | → | 灌浆 | → | 封口结束 | → | 检查 |

图 6-4　压力注浆法施工工艺流程

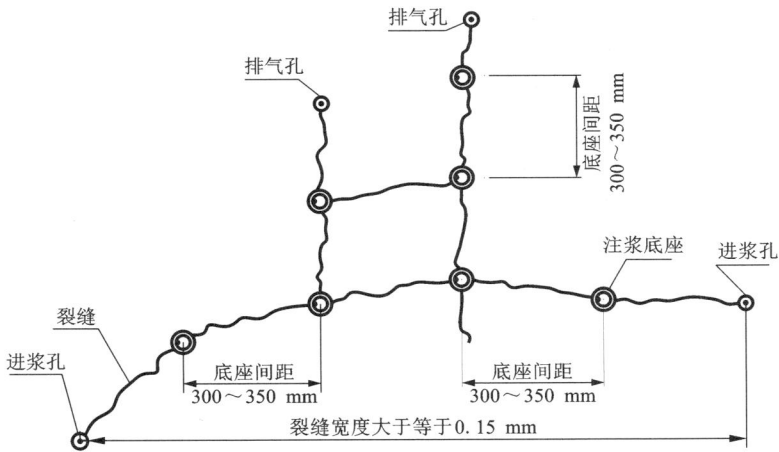

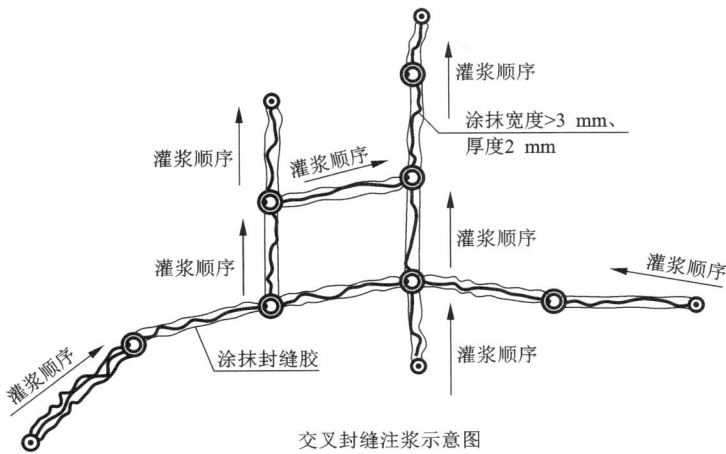

排气孔

排气孔

底座间距 300~350 mm

注浆底座

进浆孔

裂缝

进浆孔

底座间距 300~350 mm

底座间距 300~350 mm

裂缝宽度大于等于 0.15 mm

交叉裂缝安装注胶底座示意图

灌浆顺序

涂抹宽度>3 mm、厚度2 mm

灌浆顺序

灌浆顺序

灌浆顺序

灌浆顺序

灌浆顺序

灌浆顺序

涂抹封缝胶

灌浆顺序

交叉封缝注浆示意图

图 6-5　压力注浆法施工示意图

裂缝修补完成后的质量要求：

（1）表面封缝材料固化后应均匀、平整，不出现裂缝，无脱落。

（2）对修复混凝土裂缝有恢复截面整体性要求时，当注入裂缝的修补胶达到 7 d 固化期时，应立即采用取芯法对注浆效果进行检验。取样部位由设计单位决定；取样数量应按裂缝注射或注浆的分区确定，但每区不应少于 2 个芯样；芯样应骑缝钻取，但需避开内部钢筋；芯样直径不应小于 40 mm；取完芯样，应立即采用高一级标号的细石混凝土填实；芯样检验应采用劈裂抗拉强度测定方法。当检验结果符合下列条件之一时为符合设计要求：①沿裂缝方向施加的劈力，其破坏应发生在混凝土部分（即内聚破坏）；②破坏虽有部分发生在界面上，但其破坏面积不大于破坏面总面积的 15%。

6.3.2　水泥砂浆修补

桥梁构件表面深度较浅、面积较小的缺陷，可采用水泥砂浆人工涂抹法进行修补，修补材料主要采用普通水泥砂浆或专用修补材料。当桥梁构件表面出现大面积浅层缺陷及破损时，可采用喷浆修补法。水泥砂浆修补的具体步骤为：

（1）表面准备。彻底清理需要修补的表面，去除灰尘、泥土、松散物质等。对于较大的杂质或坑洞，需使用切割机进行预处理。

（2）材料选择与配制。根据修补的需要，选择合适的水泥、砂子、石膏和膨胀剂等材料。材料的比例可根据具体情况调整，通常水泥和砂子的比例为 1∶3 或 1∶4。如果需要，也可以添加外加剂如防水剂或膨胀剂等。

（3）涂抹和抹平。将配制好的砂浆均匀涂抹在需要修补的表面上，使用抹刀或批刀将其抹平。确保表面平整，无凹凸不平。

（4）养护与保养。修补完成后，需要适当养护以确保砂浆正确干燥和固化。在最初的几天内避免在修补区域行走、施加重物，以免损坏修补效果。定期清洁和打蜡地面，避免尖锐物体划伤表面。

6.3.3　聚合物水泥砂浆修补

聚合物水泥砂浆是一种以水泥为主，聚合物、硅粉及其他多种无机材料复合改性而成的粒粉状混合料，具有良好的施工和易性，施工时无须振捣，在现场加水搅拌即可使用。1 d 后抗压强度可在 20 MPa 以上，能加快工程进度。其黏结、抗裂、抗冻、抗变形、耐腐蚀、耐磨等性能比普通水泥砂浆有较大提高，适用于混凝土桥梁表面的风化、剥落、露筋及小面积的破损等缺陷的修补。聚合物水泥砂浆修补施工过程中，应避免振动。修补部位的聚合物水泥砂浆终凝前，应采取保护措施，避免其表面受雨水、风及阳光直射影响，并应及时养护。聚合物水泥砂浆修补的具体步骤如下。

1. 基层处理

清除基层所有灰尘、油渍、污物、松散的砼等杂物。如果被修补的结构已经露出钢筋，则要清除钢筋上所有的锈迹，清除不牢固的砼。清除的深度最小不小于 6 mm。用切割工具沿修补边缘切割出小于 6 mm 的深度，结构顶部或悬壁处根据需要增加额外的钢丝或钢筋。施工前应用高压水枪冲洗并保持潮湿状态，但不得有积水。界面黏结时，可预先涂刷混凝土多功能水性界面剂。

2. 材料搅拌

可以采用机械搅拌或人工拌和，严格按照产品合格证上的水料比加水。水料比范围通常以 18%~20% 为宜。采用机械搅拌需 2~3 min，采用人工拌和需 3~5 min，搅拌至均匀无结块为宜。配制好的修补砂浆应在 2~3 h 内使用完。

3. 施工操作

将拌好的修补砂浆倾倒在需要修补的混凝土表面。用刮尺或抹子赶平砂浆控制好标高并快速使用抹子收光。一次修补厚度一般控制在 3 cm 内，修补厚度大于 3 cm 的应分层处理。补缝或分片错开施工的间缝时间不应少于 24 h。当进行最后一次抹面时，应一次抹平，不得反复抹压。遇有气泡时应刺破，表面应密实。

4. 养护

施工结束，表面指触干燥后应进行喷雾养护或覆盖草帘、麻袋等保持潮湿，养护温度不能低于 5 ℃。施工结束 24 h 后，覆盖塑料布保温养护 7 d，有条件的可定时洒水于表面。在冬天施工时，水泥砂浆用 20 ℃ 的温水搅拌，并保温、保湿养护。

6.3.4　改性环氧砂浆(混凝土)修补

采用改性环氧砂浆(混凝土)修补混凝土表面缺陷时，改性环氧基液的安全性能指标应符合相关标准、规范的有关规定。涂抹改性环氧砂浆(混凝土)修补前，应先在已凿毛的混凝土表面涂一层改性环氧基液，使旧混凝土表面充分浸润。

立模浇筑改性环氧混凝土的工艺要求与浇筑普通混凝土基本相同，但应防止扰动已涂刷的改性环氧基液；浇筑时应充分插捣，反复压抹平整。改性环氧砂浆施工温度宜为 20 ℃±5 ℃，高温或寒冷季节应采取有效措施控制施工温度。改性环氧砂浆(混凝土)修补的具体步骤为：

(1)基层要求及处理：基层表面应平整、粗糙、清洁、无油污、无浮灰，不应有起砂、空鼓、裂缝等现象。施工前应用高压水冲洗并保持潮湿状态，但不得有积水。界面黏结时，可预先涂刷纳米增强剂。

(2)材料配制：将 A、B 液料加入容器中搅拌均匀，然后将 C 粉料加入容器中搅拌均匀无结块，放置 3~5 min 再搅拌 2~3 min 即可使用。拌好的砂浆 2 小时内用完。

(3)施工：在潮湿的混凝土基层表面先均匀涂刷一遍纳米增强剂。修补砂浆一次施工面积不宜过大，应分条分块错开施工，每条每块面积不宜大于 10 m²，错开施工的间隔不应小于 24 h。分层施工时，留缝位置应互相错开。改性环氧混凝土主要适用于混凝土结构的空洞、蜂窝、破损、剥落、露筋等表面损伤部分的修复，以恢复混凝土结构良好的使用性能。

(4)环氧树脂修补砂浆摊铺完毕后应立即压抹并一次抹平，不宜反复抹压。遇有气泡时应刺破压紧，表面应密实。立面或顶面的面层厚度大于 6 mm 的，应分层施工。每层抹面厚度宜为 3 mm，待前一层指触干燥后方可进行后一层施工。厚度大于 6 mm 以上的，建议使用粗料速凝型环氧施工。

(5)施工时应严格控制施工质量。施工完毕后，在砂浆没有彻底固化前，不能洒水保养

（因内含多种胶凝材料，遇水容易分解），温度高于 25 ℃时应用塑料薄膜覆盖保湿。当气温连续 5 d 低于 5 ℃，进入冬季施工应采用保温措施。

6.3.5 混凝土表面防腐涂装

处于严重腐蚀环境下的混凝土桥梁，其混凝土表面应进行防腐涂装。选择防腐材料型号时，应综合考虑桥梁所处环境的温度、湿度及养护条件等因素，采用能有效抵抗外部因素与侵害侵蚀的、经检验符合国家有关标准要求的材料。混凝土桥梁涂装前应除去混凝土表面模板残渣、油污及杂物等，金属外露的锐边、尖角和毛刺应打磨圆顺。涂装前应使混凝土表面保持干燥、清洁。在混凝土表面处理检查合格后 4 h 内进行施工。混凝土表面防腐涂装的具体步骤如下。

1. 表面处理

确定要喷涂的混凝土表面是否平整。如果有明显凹凸不平的地方，需要进行修复，一般采用喷砂、手工打磨、电动机械打磨的方法。去除水泥、混凝土表面的疏松物质，并对基材表面进行拉毛。清洁混凝土表面，去除尘埃、污垢和油脂等杂物，清除油脂的方法可以采用表面活性剂，也可以采用碳酸钠溶液，然后用淡水冲洗混凝土的表面，使其表面的 pH 为中性。修复混凝土表面的裂缝、孔洞和破损部分，确保表面完整性。严格控制混凝土表面 20 mm 深度内的含水率在 5%以下，可以使用含水率测定仪检测，也可以采用塑料薄膜法检测，即把 45 cm×45 cm 塑料薄膜平放在混凝土表面，用胶带纸密封四边 16 h 后，薄膜下出现水珠或混凝土表面变黑，说明混凝土过湿，不宜施工，需要再养护。

2. 施工

在防腐施工中，选择合适的防腐涂料至关重要。常用的防腐涂料有环氧树脂涂料、聚氨酯涂料、丙烯酸涂料等。在选择涂料时，要考虑混凝土的使用环境、耐久性要求及施工成本等因素。在喷涂防腐漆之前，可以先涂上一层防腐底漆。底漆的选择要根据具体的防腐需求进行，一般需要将底漆涂刷均匀，确保其完全附着在混凝土表面上。底漆的涂刷厚度应符合规定的要求。将混凝土防腐漆和稀释剂按照一定的比例充分搅拌均匀，使防腐漆的黏度和流动性达到施工要求。搅拌时间根据防腐漆的种类和厂家要求进行。将搅拌均匀的防腐漆过滤以除去其中的杂质和颗粒物，避免对混凝土表面造成不良影响。在进行喷涂操作之前，需要确保工作区域通风良好。使用喷枪进行喷涂操作时，要保持喷枪与混凝土表面垂直，并保持适当的喷涂距离和喷涂速度，均匀地涂抹防腐漆。喷涂完成后，防腐漆需要进行一定时间的干燥，以确保涂层的密实性和耐久性。干燥时间根据防腐漆产品的要求进行。如果涂层表面出现缺陷，如气泡、起皮、色差等，需要进行修复。修复方法可以根据具体情况选择，可以采用刮刀刮平、打磨、返工喷涂等方式进行修复。

3. 施工后维护

一旦完成混凝土防腐施工，定期进行维护保养十分重要。检查混凝土表面是否有破损或受到磨损，及时进行修补和涂装维护，延长混凝土结构的使用寿命。

4. 安全注意事项

在施工过程中，需要佩戴口罩、手套和防护眼镜等个人防护装备。确保工作区域通风良好，避免防腐漆喷雾对人体的直接接触和吸入。防腐漆及稀释剂等化学物品应按相关标准储存和处理，防止泄漏和污染环境。

6.3.6　钢筋防锈蚀处理

锈蚀是混凝土结构中常见的问题，它会削弱钢筋的冲击力和抗拉强度，导致结构的可靠性和安全性下降。锈蚀钢筋的修复方法包括表面处理、钢筋防锈处理、钢筋修复。混凝土表层缺陷处理前应对生锈钢筋进行除锈，缺陷处理后宜在修补范围及周边涂刷渗透型阻锈剂。阻锈剂的质量及性能指标应符合有关现行国家、行业标准的相关规定。新浇筑混凝土采用阻锈剂溶液时，混凝土拌和物的搅拌时间应延长 1 min；采用阻锈剂粉剂时，应延长 3 min。钢筋防锈蚀处理的具体步骤为：

（1）表面处理：针对锈蚀的钢筋，首先需要进行表面处理，清除锈蚀层和附着物，以便后续的修复工作能够有效进行。常见的表面处理方法包括机械除锈、化学锈移除和高压水洗。机械除锈可以使用铁丝刷或钢丝刷慢慢清除表面的锈蚀层。化学锈移除则利用酸性或碱性溶液，通过化学反应将锈蚀物质溶解或转化为不溶性盐类。高压水洗则以高压水流清洗表面，冲刷掉锈蚀层和附着物。

（2）钢筋防锈处理：表面处理后，需要进行钢筋的防锈处理，以防止进一步的锈蚀。常见的防锈方法包括涂覆防锈漆、防锈膏，以及防锈涂层。防锈漆可通过涂刷或喷涂的方式施工在钢筋表面，形成一层保护膜，防止钢筋继续接触空气和水分。防锈膏则是一种镀锌的方法，即将保护膏涂覆在钢筋表面，形成锌层保护钢筋。防锈涂层则是采用热浸镀锌等技术，在钢筋表面形成一层锌层，长期提供防锈保护。

（3）钢筋修复：在进行了表面处理和钢筋防锈处理后，即可进行钢筋的修复工作。钢筋的修复包括两个方面：修补钢筋和增加保护层。修补钢筋可以通过焊接、纠结、接头连接等方式进行。焊接是一种常用的修复方法，它能够将断裂或受损的钢筋部分重新连接。纠结则是利用特殊的接头将断裂的钢筋纠结在一起，形成固定的连接。增加保护层主要是为了提供更多的防锈保护。可以采用添加附加防锈层或进行防锈材料包覆等方式，增加钢筋的耐久性和抗锈能力。

通过以上措施，可以有效修复锈蚀的钢筋，提高混凝土结构的可靠性和安全性。然而，在进行修复工作时，需要根据具体情况选择合适的方法，并严格按照相关标准和规范进行操作，以确保修复效果的可靠性和持久性。

6.3.7　混凝土修补

混凝土桥梁构件表面的蜂窝、空洞及较大范围破损等缺陷，应采用比原结构强度指标高一级的混凝土材料进行缺陷修补，混凝土粗集料的粒径不宜大于 15 mm。在施工受限时可采用自密实混凝土。在修补前应对混凝土表面的蜂窝、孔洞进行处理、凿毛，对已经生锈的钢筋进行除锈，并使旧混凝土表面保持湿润、清洁。混凝土施工技术要求应符合现行铁路工程施工技术规范的相关规定，浇筑施工时应注意振捣及养护。混凝土修补的具体步骤为：

（1）混凝土表面处理：使用清洁剂将混凝土表面彻底清洁干净，去除表面的灰尘、油污和残留物。使用砂纸或砂轮将表面的不平整和毛刺修整，使其表面平整，便于后续涂抹混凝土修补材料。

（2）混凝土修补：将混凝土修补材料和水混合搅拌均匀，直至成为均匀的浆状物。使用刷子将混凝土修补材料均匀地涂抹在需要修补的区域上，涂抹时可根据需要进行多层涂抹，以达到更好的效果。使用刮板将涂抹的混凝土修补材料刮平，使其与周围的混凝土表面平齐。刮平时要尽量确保修补材料与周围的混凝土表面接触紧密，以达到更好的黏结效果。根据混凝土修补材料的使用说明，等待其干燥。通常情况下，需要等待至少 24 h，以确保混凝土修补材料完全干燥。使用砂纸或砂轮将涂抹的混凝土修补材料打磨平整，使其表面与周围的混凝土表面一致。打磨时要注意不要过度打磨，以免损坏修补部位。

（3）修补后的养护：修补后的混凝土须避免水的侵入，否则会影响修补效果。因此，在修补后的 24 h 内，避免淋雨、洒水等操作。在修补后的 24 h 内，避免将重物压在修补部位上，以免影响修补效果。修补后的混凝土需要经过一段时间才能完全恢复其原有的功能，因此在修补后的一段时间内须对修补部位进行密切观察以及养护，确保其正常使用。

混凝土表面修补和混凝土大范围破损修补施工示意图如图 6-6 和图 6-7 所示。

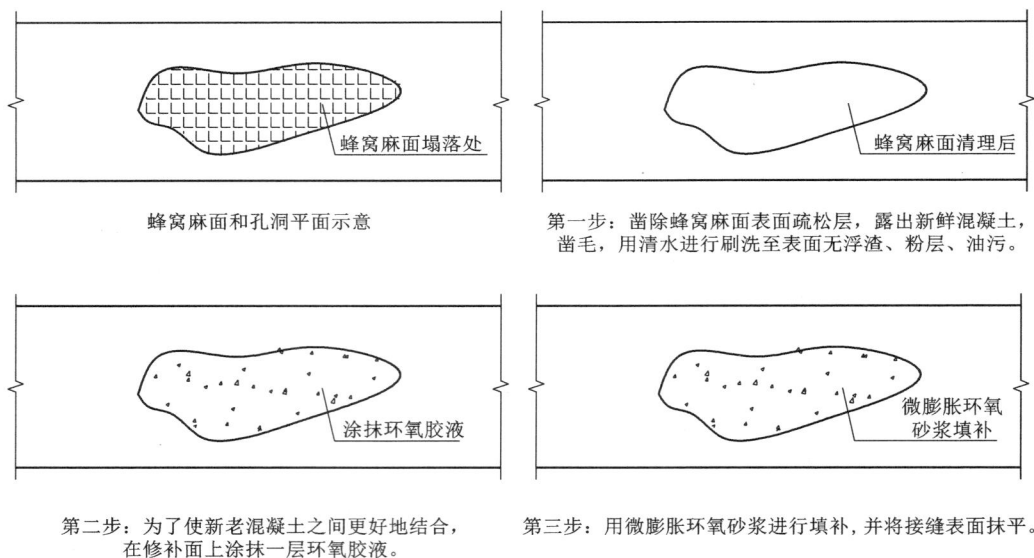

蜂窝麻面和孔洞平面示意

第一步：凿除蜂窝麻面表面疏松层，露出新鲜混凝土，凿毛，用清水进行刷洗至表面无浮渣、粉层、油污。

第二步：为了使新老混凝土之间更好地结合，在修补面上涂抹一层环氧胶液。

第三步：用微膨胀环氧砂浆进行填补，并将接缝表面抹平。

图 6-6　混凝土表面修补施工示意图

断面图

1.5 cm

混凝土保护层

露筋

露筋立面示意

混凝土保护层

除锈

1.5 cm

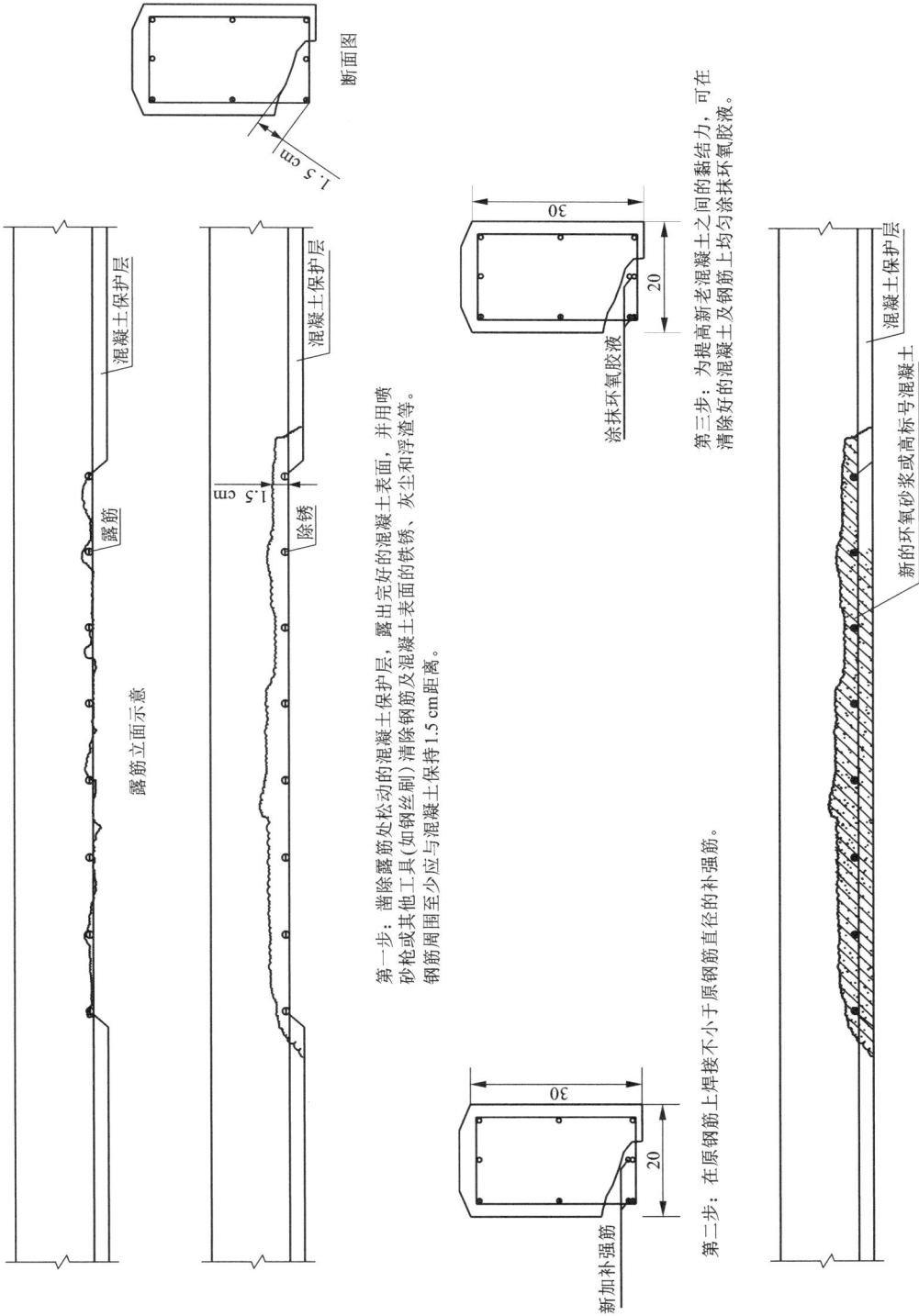

第一步：凿除露筋处松动的混凝土保护层，露出完好的混凝土表面，并用喷砂枪或其他工具（如钢丝刷）清除钢筋及混凝土表面的铁锈、灰尘和浮渣等。钢筋周围至少应与混凝土保持 1.5 cm 距离。

30

20

涂抹环氧胶液

第三步：为提高新老混凝土之间的黏结力，可在清除好的混凝土及钢筋上均匀涂抹环氧胶液。

30

20

新加补强筋

第二步：在原钢筋上焊接不小于原钢筋直径的补强筋。

混凝土保护层

新的环氧砂浆或高标号混凝土

第四步：对于露筋面积不大的用微膨胀环氧砂浆局部修补；对于露筋面积较大的，可采用高标号微膨胀混凝土进行修补，以保证环氧砂浆或高标号混凝土与原混凝土更好地结合。修补前在清洁的混凝土表面涂上一薄层环氧树脂胶浆，以保证高标号混凝土与原混凝土更好地结合。

图 6-7　混凝土大范围破损修补施工示意图

习题

1. 植筋的构造要求有哪些？

2. 某 7 度区结构，需在一主梁上增加悬挑梁，主梁混凝土标号 C40，主梁保护层厚度 30 mm，箍筋 ϕ10。悬挑梁宽度 800 mm，计算受拉区钢筋所受拉力为 600 kN，试对该悬挑梁的植筋进行设计。

3. 简述锚栓的设计原则。

4. 锚栓的构造要求有哪些？

5. 裂缝修补的质量要求是什么？

6. 简述混凝土表面的修复方法。

第7章

铁路桥梁维修加固后技术评价方法

与新建桥梁项目评价相似，桥梁维修加固后也应进行技术评价，主要是对桥梁加固方案的技术性要求进行重新审查，判断其是否满足可行性、经济性和适用性的预期要求，其评价结论为质量验收的依据。具体的评价要求为：满足结构的强度、稳定性、可靠性和耐久性要求；加固后的桥梁要能够满足基本的行车要求；尽可能少地扰动旧桥原结构，充分利用其本身的承载力；施工工艺要简便、速度快，加固过程尽量不对现行交通造成太大影响；施工过程中增加的材料、设备等临时荷载要在旧桥承载力范围内，不能改变其结构受力，加强监测和保护措施；设计、施工要考虑到桥梁新旧材料的结合，强度、刚度、寿命等保持均衡，使新旧结构共同承担荷载、协调工作；加固时，增加的荷载以最少荷载为标准，充分考虑新旧结构拆除、补加的加载程序，探索新型的加固材料，减轻材料自重；加固后，要方便桥梁的运营和维修养护，新结构要对影响桥梁结构稳定性的不利因素具有一定的消除、抵抗能力；加固尚需考虑桥梁的美观效果。维修加固后的技术评价可参照现行《铁路桥梁检定规范》进行，利用既有结构理论分析的方法进行原有旧桥承载力评定及维修加固后桥梁承载力分析，对维修加固前后的结构体系进行有限元建模分析，依据桥梁结构理论、工程力学及检验测量结果，评定桥梁结构的真实承载力。利用基于荷载试验的方法对桥梁进行荷载试验，将标准设计荷载或标准荷载的等效荷载施加于实桥结构的指定位置，对实桥结构反应（应变、变形分布和动力特性等）进行检测，以此对实桥结构做出判断，从而达到判断桥梁结构真实承载力和制定安全运营条件的目的。

7.1 一般规定

铁路桥梁加固后的评价均应在施工单位自检合格的基础上进行，参与评价的各方人员应具备相应的资格。技术评价包括实体质量检查、外观质量检查、质量保证资料检查等。对涉及结构安全、环境保护，以及主要使用功能的试块、试件及材料，应在进场时或施工中按规定进行平行检验或见证检验。隐蔽工程在覆盖前应由施工单位通知监理单位进行验收，并应形成验收文件，验收检查应按要求留存影像资料。单位工程以及涉及结构安全、环境保护和使用功能的重要分部工程在验收前按规定进行抽样检验。工程外观质量应由验收人员现场检查，并共同确认。

铁路桥梁维修加固技术评价应按单位工程、分部工程、分项工程逐级进行。一般一座桥梁划分为一个单位工程，如果是批量维修加固，可将同一类型的桥梁合并为一个单位工程。在单位工程中，桥梁上部结构、下部结构及基础、桥面系及附属工程划分为分部工程。在分部工程中，根据不同的加固方法或工艺划分分项工程。以桥梁维修加固工程为例，工程划分及检查内容见表7-1。

表7-1 单位工程、分部工程、分项工程的划分及检查内容

单位工程	分部工程	分项工程	检查内容
桥梁维修加固工程	梁桥维修加固	粘贴钢板加固	锚栓安装、钢板加工及安装
		粘贴纤维复合材料加固	复合材料质量及粘贴
		增大截面加固	植筋、现浇构件增大部分
		体外预应力加固	锚固块、转向块施工，体外预应力施工
		简支变连续、增加构件加固	参照增大截面加固法
		混凝土裂缝修补	裂缝修补
		混凝土表面缺陷修补	表面缺陷修补
		支座维修及更换	支座垫石、支座更换
		混凝土防腐涂装维修	防腐涂装
	基础及下部结构维修加固	盖梁(台帽)增设体外预应力	植筋、预应力张拉、新增混凝土、加固构件
		外包钢加固	砂浆、锚栓安装、钢板加工及安装
		增设或更换钢筋混凝土挡块	植筋、新增混凝土、挡块
		桥台增设框架梁加注浆锚杆	新增混凝土、砂浆、植筋、钢筋安装、锚杆、锚孔、框架梁
		桥台增设辅助挡墙	新增混凝土、砂浆、加固构件
		更换台后填土	台后填土
		增大基础加固	新增混凝土、植筋、钢筋安装、增大基础浇筑
		承台加固	新增混凝土、植筋、钢筋安装、增大基础浇筑
	附属工程维修加固	基础加固	桩体、桩基/注浆加固、地基
		混凝土裂缝修补	裂缝表面封闭、裂缝注浆修补
		混凝土表层缺陷修补	修补质量
		混凝土防腐涂装维修	防腐涂装
		其他附属设施维修	护栏、人行道、排水设施、锥坡

分项工程、分部工程、单位工程质量验收均应满足设计要求和相关标准规定。当工程施工质量不符合规定时，应按以下规定进行处理：经返工重做的或更换构配件、设备的检验批

应重新进行验收。经有资质的检测机构检测鉴定能够达到设计要求的检验批，可予以验收。经返修或加固处理的分项工程，满足安全和使用功能要求时，可按技术处理方案的要求予以验收。工程质量控制资料应齐全完整，当部分资料缺失时，应委托有资质的检测机构按有关标准进行相应的实体检验或抽样试验。通过返修或加固处理仍不能满足结构安全和使用功能要求的检验批和分项工程，严禁验收。

7.2　质量检验与验收

维修加固桥梁的验收标准应当遵循国家相关规定，并根据桥梁的实际情况进行适当调整。验收标准的执行应当科学严谨，确保不合格的桥梁不能通过验收。桥梁的验收结果应进行记录和报告。验收结果应当做好记录，以备日后查询。下面列出了验收的主要内容和标准。

桥梁的抗洪能力检定采用的洪水频率，应满足表 7-2 的规定。设在水库淹没范围内的桥梁，应考虑水库的回水影响。若水库淤积严重，则应考虑水库溯源终极淤积及水位增高对桥梁孔径的影响。

表 7-2　检定洪水频率标准

线路等级	检算洪水频率标准	校验洪水频率标准
		技术复杂、修复困难或重要的大桥和特大桥
Ⅰ、Ⅱ	1/100	1/300
Ⅲ	1/50	1/100

在通过检定洪水频率的洪水时，桥下净空高度应满足表 7-3 的规定。Δh 为桥下水位增高值，即考虑桥下壅水、浪高、局部股流涌高、河床淤积等影响的高度。

表 7-3　桥下净空高度 h_d　　　　　　　　　　　　　　　　　　单位：m

桥的部位		高出检算水位加 Δh 后的最小高度		高出校验水位加 Δh 后的最小高度	
		钢梁	钢筋混凝土或预应力混凝土结构	钢梁	钢筋混凝土或预应力混凝土结构
梁底	一般情况	0.25	0.25	0	—
	洪水期有大漂流物	1.50	1.25	0.75	0.50
	有泥石流	1.0	1.0	0.50	0.50
支承垫石顶		0	—	—	—
拱肋或拱圈的拱脚		0	—	—	—

桥梁混凝土缺陷修补完成后表面应平整，无裂缝、脱层、起鼓、脱落等，修补处表面与原结构表面色泽应基本一致。修补后平整度允许偏差值应满足表7-4的规定。

表7-4　平整度允许偏差值实测项目

项目	允许偏差	检查方法与频率
梁体平整度/mm	5	钢尺丈量，30%
阴阳角/(°)	5	尺量，30%

对浇注面积较大的混凝土或砂浆，应预留强度试块；新旧混凝土的黏结情况可通过敲击法和铅芯取样检测。干硬性混凝土(微膨胀混凝土)修补缺陷实测项目及要求见表7-5。

表7-5　干硬性混凝土(微膨胀混凝土)修补缺陷实测项目

项目	规定值或允许偏差	检查方法与频率
混凝土抗压强度	合格标准内	按 TB 10415—2018 规定执行
混凝土表面处理	表面坚实，无松散、油污	目测及敲击，100%
新旧材料结合状况	无裂缝	目测，30%
钢筋	表面无锈层	目测，100%

环氧砂浆修补混凝土表面缺陷实测项目及要求见表7-6。

表7-6　环氧砂浆修补缺陷实测项目

项目	规定值或允许偏差	检查方法与频率
基液厚度	100%覆盖，薄且均匀	每300~500 mm 尺量1处
涂抹修补砂浆厚度	底层0.5~1.0 cm，每层不超过1.0~1.5 cm	每300~500 mm 尺量1处
砂浆抗压强度	合格标准内	按 TB 10415—2018 规定执行
混凝土表面处理	表面坚实，无松散、油污	目测及敲击，100%
新旧材料结合状况	无裂缝	目测，30%
钢筋	表面无锈层	目测，100%
修补表面颜色	与原结构相近	目测，100%

桥梁混凝土表面涂装应无漏喷、流挂、针孔、气泡、色泽不均等异常情况。涂装表面应均匀平整。桥梁混凝土表面涂装实测项目及要求见表7-7。

表 7-7　桥梁混凝土表面涂装实测项目

项目	规定值或允许偏差	检查方法与频率
总干膜平均厚度	≥设计厚度	涂装完成后 7 d 后进行测定。每 50 m² 随机检测 1 个点，测点总数不少于 30 个
总干膜最小厚度	≥0.75 倍设计厚度	

植筋工程实测项目及要求见表 7-8。

表 7-8　植筋工程实测项目

项目	规定值或允许偏差	检查方法与频率
钢筋植入深度	按设计要求，且≥15d	尺量成孔深度，100%
清孔情况	不得有残留灰尘	毛刷、压缩空气，10%
锚孔位置	按设计要求，且≤20 mm	尺量，20%
锚孔公差	≤1 mm	尺量，20%
锚孔垂直度	≤5°	尺量，10%

混凝土裂缝修补实测项目及要求见表 7-9。

表 7-9　混凝土裂缝修补实测项目

项目	规定值或允许偏差	检查方法	检查方法与频率
注浆密实度	按设计要求	钻心取样	每 100 m 缝检查 1 处，单位工程不少于 3 处且不多于 20 处
		雷达或超声波检测	每 10 m 缝检查 1 处

粘贴钢板加固工程实测项目及要求见表 7-10。

表 7-10　粘贴钢板加固工程实测项目

项目	规定值或允许偏差	检查方法与频率
钢板平整度	2 mm	50 cm 直尺，每块钢板纵横向各检查 3 尺
混凝土外表平整度	3 mm	50 cm 直尺，每个粘贴面检查 6 尺
钢板有效粘贴面积	≥95%	敲击
钢板尺寸	±3 mm	每块钢板纵横向各检查 3 处
钢板厚度	-0.2 mm	每块钢板检查 3 处
钢板(钢板条)粘贴位置	±5 mm(±3 mm)	20%
螺栓锚固深度	-3 mm	20%
锚固螺栓间距	±30 mm	20%

钢筋安装实测项目及要求见表 7-11。

表 7-11　钢筋安装实测项目

项目	规定值或允许偏差	检查方法与频率
主筋间距及位置偏差	±8 mm	尺量，每部位不少于 5 处
箍筋间距及位置偏差	±15 mm	
箍筋垂直度	±15 mm	
钢筋保护层厚度偏差（不含拉筋）	+5 mm, 0	
其他钢筋偏移量	≤20 mm	

更换支座实测项目及要求见表 7-12。

表 7-12　更换支座实测项目

项目		规定值或允许偏差	检查方法与频率
支座中心与主梁中心偏位		2 mm	钢尺，每支座
支座顺桥向偏位		10 mm	经纬仪或拉线检查，每支座
支座高程		±5 mm	水准仪，每支座
支座四角高差	承压力≤500 kN	1 mm	水准仪，每支座
	承压力>500 kN	2 mm	水准仪，每支座
支座表面		清洁无杂物	目测，每支座

支承垫石实测项目及要求见表 7-13。

表 7-13　支承垫石实测项目

项目	规定值或允许偏差	检查方法与频率
支承垫石顶面高程	0, -10 mm	钢尺，每支座
支承垫石中心位置	10 mm	
锚栓孔纵横向中心位置	5 mm	
锚栓孔深度	0, +20 mm	

旋喷桩加固所使用材料的种类、规格、型号、性能指标和混合料质量等应满足设计要求和相关规范的规定。旋喷桩加固实测项目及要求见表 7-14。

表 7-14　旋喷桩加固实测项目

项目	规定值或允许偏差	检查方法与频率
钻孔位置偏移	±50 mm	尺量，20%
孔深	≥设计值	尺量，20%
桩体直径	±50 mm	尺量，20%
桩身中心位移	≤0.2$d_{桩径}$	尺量，开挖桩顶下 500 mm 处，20%
桩体强度及完整性	满足设计要求	取芯、标准贯入试验、荷载试验，孔数 1%，且不少于 3 点
旋喷桩数量	满足设计要求	目测，100%
地基承载力	满足设计要求	地基或单桩静载试验，不小于总桩数 1%，且每个单体工程复核地基静载试验数量不少于 3 点

新增承台实测项目及要求见表 7-15。

表 7-15　新增承台实测项目

项目	规定值或允许偏差	检查方法与频率
尺寸	±30 mm	尺量，长、宽、高各 2 点
顶面高程	±20 mm	每 10 m² 测量 1 点，共测量 5 点
轴线偏位	15 mm	纵横测量各 2 点

桥梁的竖向刚度及横向刚度应满足本书附录 B 关于铁路桥梁运营性能各项指标的检验。其他没有提及的实测项目要求可按《铁路桥梁检定规范》或《铁路桥涵工程施工质量验收标准》执行。

7.3　桥梁荷载试验

7.3.1　桥梁荷载试验的目的

桥梁荷载试验是对桥梁结构物工作状态进行直接测试的一种鉴定手段。它是指对桥梁进行加载，测得桥梁加载后的数据变化，了解桥梁结构在荷载作用下的工作状态，判定桥梁结构的形变以及应力是否满足设计的要求，检验桥梁的施工质量与结构受力性能，确定桥梁的实际运营状况和使用条件。桥梁维修加固后进行荷载试验，力求达到以下目的：

（1）通过现场加载试验以及对试验观测数据和试验现象的综合分析，检验维修加固设计与施工质量，确定工程的可靠性，为竣工验收提供技术依据。

（2）直接了解维修加固后桥跨结构的实际工作状态，判断实际承载力，评价其在设计使用荷载下的工作性能。

（3）验证设计理论、计算方法和设计中的各种假定的正确性与合理性，为今后同类桥梁维修加固设计施工提供经验和积累科学资料。

（4）通过动载试验测定桥跨结构的固有振动特性及其在长期使用荷载阶段的动力性能，评估实际结构的动载性能。

（5）通过荷载试验，建立桥梁健康模型，记录桥梁健康参数。

7.3.2 试验依据

荷载试验应按现行规范等执行。主要有如下规范以及依据：

（1）《铁路桥梁检定规范》（铁运函〔2004〕120号）。（该规范适用于客货共线运行，旅客列车最高行车速度为160 km/h、货物列车最高行车速度为80 km/h的标准轨距线路上的既有桥梁，旅客列车最高行车速度在200 km/h时，可参照执行。）

（2）《新建时速200公里客货共线铁路设计暂行规定》（铁建设函〔2003〕439号）。

（3）《新建时速200~250公里客运专线铁路设计暂行规定》（铁建设〔2005〕140号）。

（4）《新建时速300~350公里客运专线铁路设计暂行规定》（铁建设〔2007〕47号）。

（5）《既有线提速200 km/h技术条件（试行）》（铁科技函〔2006〕747号）。

（6）《铁路桥涵设计规范》（TB 10002—2017）。

（7）《机车车辆动力学性能评定及试验鉴定规范》（GB/T 5599—2019）。

（8）招标文件《时速200公里铁路动车组进口采购合同（合同号：04JP01GTE3INC0030A）》第五章附件2"动力学性能试验鉴定方法及评定标准"。

7.3.3 桥梁荷载试验的分类

桥梁荷载试验分为静力荷载试验和动力荷载试验两部分。一般情况下只做静力荷载试验，必要时增做部分动力荷载试验，如特大型桥梁、新型桥梁等。

静力荷载试验是将静止的荷载作用于桥梁的指定位置上，检测桥梁关键位置的实际内力和变形，由此判断桥梁结构在静力荷载下的工作状态和使用能力。动力荷载试验是指采用动力荷载，如行驶的车辆或者其他动力荷载作用于桥梁结构上，判断桥梁在车辆运动时的状态，以测出结构的动力特性，如自振频率、振动变形等。桥梁的动力荷载试验和静力荷载试验各具有特殊性。动力荷载产生的动力效应一般大于相应的静力荷载产生的效应。

7.3.4 桥梁荷载标准的确定

铁路荷载主要有如下几种：

（1）中-Z级荷载：分为小于中-22级、中-22级至中-24级、中-24级至中-26级、大于等于中-26级四种情况。

（2）中-活载（相当于中-22级）。

（3）ZK活载（相当于0.8倍中-活载）。

（4）重载检算荷载的确定可参考本书附录A的相关内容。

维修加固的桥梁进行荷载试验时，试验荷载应根据维修加固的目的进行选择。如目的为仅维持原设计的承载力，则宜按原设计老规范对应的最新规范荷载来确定试验荷载；如新老规范荷载标准差距过大，则应经业主评估后确定试验荷载。如目的为提载，则应按提载后的荷载标准来确定试验荷载。

结构技术控制指标应符合现行《铁路桥梁检定规范》中的相关规定。

桥梁的检定承载力应以桥梁的检定承载系数 K 表示。K 为结构所能承受的荷载相当于中华人民共和国铁路标准活载(中–活载)的倍数。

当 $K \geqslant 1$ 时,表示桥梁承载力满足标准活载的要求。

当 $K < 1$ 时,桥上容许通行的运行活载 Q,必须满足:

$$Q \leqslant K \tag{7-1}$$

式中:Q 为运行活载的活载系数,即在桥梁结构承载力检算中,运行活载相当于标准活载的倍数。

各种梁式结构的 K 和 Q 可按下列公式计算:

$$K = \frac{k}{k_0} \tag{7-2}$$

$$Q = \frac{k_q}{k_0} \tag{7-3}$$

式中:K——桥梁构件的容许换算均布活载;

$\quad\quad k_0$——标准活载的换算均布活载,计入动力系数;

$\quad\quad k_q$——运行活载的换算均布活载,计入相应的动力系数。

拱桥、墩台及基础承载力应按有关章节所列的方法计算。

7.3.5　桥梁荷载试验注意事项

荷载试验须由业主委托有资格的科研或检测单位承担。承包人应协助和配合试验单位对桥梁或桥梁的某一部分进行荷载试验,以验证结构物具有足够承受设计荷载的能力。

桥梁荷载试验项目按图纸规定,一般动载试验包括自振频率、动挠度、脉动、动应变试验;静载试验包括静挠度、静应变试验。业主将根据具体情况,选择上述项目的部分或全部进行试验,必要时可增加其他项目。

根据试验结果,结构物或结构物的任一部分,如由于施工原因不能满足图纸要求,承包人应进行重建或补强,重建或补强结构物的费用由承包人负责。

7.3.6　试验方案制定和测试内容

桥梁荷载试验方案宜在实地查勘的基础上制定,应包括如下主要内容:试验目的与任务、试验项目和内容、试验孔跨选择、测点布置、试验程序、仪器配备、试验人员组织与分工、试验配合方案、试验荷载与速度、加载控制与安全措施等。试验项目可根据不同的结构和具体的试验任务参照下列项目选择有关内容进行:梁体静应变和静位移、梁体横向和竖向自振频率、桥墩横向自振频率、模态振型(大跨结构、高墩)、横向和竖向振动阻尼比、梁体横向和竖向振幅、墩顶纵向和横向振幅、横向和竖向强振频率、横向和竖向振动加速度、控制截面的竖向动挠度(含动力系数)、支座的横向和竖向动位移、梁体和墩台控制截面、钢梁主要杆件的动应变(含动力系数)、预应力混凝土梁测试混凝土应变、普通钢筋混凝土梁测试钢筋应变、机车和车辆脱轨系数和轮重减载率、斜拉桥的索力(通过频率来换算)、裂纹在活载作用下的变化、车速等。

测点布置应目的明确、重点突出，测点布置应绘制图表。

7.3.7　试验荷载

试验可根据不同的试验目的、结构形式及桥梁跨度，采用下列荷载作为试验荷载：

（1）铁路荷载：单机、双机联挂、三机联挂、重车、空车或空重混编列车、特种大型车辆等；

（2）其他荷载：千斤顶、激振器、高弹性聚能力锤、环境微振动等。

试验要求各种荷载装载正确。公铁两用桥可选择公路荷载与铁路荷载同时或分别加载。重要的铁路桥梁试验，应组织专门的试验列车封锁线路进行。列车通过桥梁速度应包括 5 km/h 一个往返、其他速度两三个往返，以 20 km/h 间隔递增，直至测试要求的最高速度。试验车速偏差一般不超过±2%。对于单列货车试验，应要求空重混合编组，车辆不得少于 20 辆（其中空、重车分别不得少于 10 辆），空车编在列尾。

7.3.8　测试方法

1. 测试精度的要求

试验使用的仪器和仪表的性能应满足试验对精度、量程、灵敏度、稳定性、频响特性、使用温度范围和耐振等方面的要求，测试仪器、仪表在现场使用时的主要技术性能应符合其出厂检验标准。试验应根据不同的测试内容和要求，并视具体的桥址情况，合理选用仪器和仪表。

阳光辐射与大气温度的变化对测量精度有直接的影响。为减小此影响，应采取必要的措施，如温度补偿片应与被补偿片处于同一温度场等。对暴露在野外的电缆导线接头、电阻丝应变片、各种观测装置等应采取严密的防水防潮措施。为提高测试精度，试验应避免在雨天进行。测试仪器应采用可以实现数据采集、信号处理、模态分析等一体化的测试系统，以利现场实时分析。应在铁路桥梁梁跨钢轨上布设轮对位置信号，同步输入振动、应力、位移等时域波形图，以便确切分析轮对的激励与结构的瞬时响应关系。测振装置的频率响应应保证被测试结构的随机振动频率始终落在测振系统幅频特性曲线的平坦区段内（≤±3%）。

据以评定结构技术状态的主要数据的准确度应符合表 7-16 的规定。

表 7-16　测试准确度标准

项目	相对误差/%
应变、位移	≤±5
振动幅值	≤±10
自振频率	≤±1

当需滤波时，应根据具体情况合理设置低通、高通的滤波截止频率或带通的通频带宽，确保其原始记录波形的真实性。

2. 设备的要求

各类测试仪表必须细心正确安装、粘贴和固定。电源须使用稳压电源，电压和容量应符合使用要求。测试仪器仪表在不使用时，应存放在干燥、少尘、无腐蚀性气体、温差小的环境中，电子仪器还应定期对之通电。测试仪器在非测量状态时必须锁定。在运输过程中要有妥善的防振措施，并注意轻装轻放。测试用导线应区别输送不同性质电量（电压、电流、电荷等）的用途，合理选用抗干扰导线。导线接头应慎重处理。长导线对灵敏度的影响应修正，否则应做系统含长导线联机率定。为保证测试精度，必须定期对仪器进行率定或校正。所用试验仪器，均应在其计量检定有效期内。测试系统宜做系统联机率定。现场率定能更确切地反映测试系统在实际测量时的工作状态，因此率定工作应尽可能在现场进行。

3. 列车在桥上的脱轨系数和轮重减载率

当采用剪力法时，钢轨上粘贴的应变片宜采用二轴 90° 正交的应变花。在铁路钢桥上亦可采用应力差法测试水平力，采用轨腰压缩法测试垂直力。水平力和垂直力的标定工作均应在实桥上进行。

4. 野外测试的注意事项

野外测试应注意：
（1）采用电子稳压电源；
（2）合理布设导线并防止被牵拉和踩踏；
（3）保证各类接插件和波段开关洁净完好；
（4）加强仪器对沙尘、风雨的防范；
（5）仪器尽量远离电磁场、远离振源，必要时采取隔振措施；
（6）一切屏蔽线和需接地的仪器必须可靠接地；
（7）电子仪器工作前，要有足够的预热时间；
（8）多台仪器同时工作时，要保证不相互干扰；
（9）测试中应避免通信工具如对讲机、手机等电磁波的干扰。

5. 试验安全的要求

在试验准备阶段及试验过程中，试验有关人员均应严格遵守有关安全规则，以保证人身、结构物、试验荷载及仪器设备的安全。在做超出线路规定速度的试验时，应会同有关线路人员随时检查铁路桥上及两端线路的技术状态。在执行过程中遇有不测事件时，应立即作出调整甚至终止试验。

7.3.9　试验资料的数据处理方法与分析

试验资料进行整理时应消除系统误差，舍弃因过失误差产生的可疑数据，对时域波形应先预检，去掉奇异项，修正零线漂移、趋势项等误差，以确保数据分析的准确性和真实性。

试验可以从动挠度、动应力实测波形获得其相应的动力系数。当从动挠度波形获得动力系数时，采用式（7-4）来确定。

$$1 + \mu = \frac{\delta_{dmax}}{\delta_{smax}} \qquad (7-4)$$

式中：δ_{dmax}——实测最大动挠度值；

δ_{smax}——取本次波形的振幅中心轨迹线的顶点值，或低速(准静态)最大挠度值。

当从动应力波形获得动力系数时，可采用式(7-5)来确定。

$$1 + \mu = \frac{\sigma_{dmax}}{\sigma_{smax}} \qquad (7-5)$$

式中：σ_{dmax}——实测最大动挠度值；

σ_{smax}——取本次波形的振幅中心轨迹线的顶点值，或低速(准静态)最大挠度值。

从动挠度获取的动力系数(以前称为冲击系数)为结构的整体动力系数；从应力波形获得的动力系数为该应力点具体结构件的动力系数。

在对振动波形进行分析时，应分析下面几方面的内容。

1. 桥梁振动的实际振幅(单峰值)

注意波形必须是经过预检，去掉奇异项，修正零线漂移、趋势项等误差，并经正确滤波后确认为非失真的波形。

2. 结构各阶振动的固有自振频率和阻尼比特性

当由实测时域余振波形的自由振动衰减曲线确定时：

自振频率

$$f_0 = \frac{m}{mT} \qquad (7-6)$$

阻尼比

$$D = \frac{1}{2\pi} \cdot \frac{1}{m} \ln \frac{A_n}{A_n + m} \qquad (7-7)$$

式中：m——自由振动衰减波形图上量取振幅的整周期波数。

当由环境微振动频谱分析确定时：

自振频率

$$f_0 = \frac{\omega_0}{2\pi} \qquad (7-8)$$

阻尼比

$$D = \frac{\Delta\omega}{2\omega_0} \qquad (7-9)$$

式中：$\Delta\omega$——$X_{max}/\sqrt{2}$处的频带宽，X_{max}为功率谱峰值；

ω_0——自振频率。

3. 结构强迫振动频率

截取振动时域波形样本中铁路机车和车辆的最大振幅时段的波形段，分别做最大熵法频谱分析，求取机车和车辆对结构产生的强迫振动频率。当该时域波形呈共振形态时，最大熵法频谱分析得出的强迫振动频率即为结构在该荷载下的有载自振频率。

4. 列车在铁路桥上的脱轨系数和减载率

列车在铁路桥上的脱轨系数和减载率按如下方式分析。

最大车辆脱轨系数 Q/P：机车、车辆轮对左右股钢轨同一瞬间产生的最大 Q/P 值。Q 为车轮作用于钢轨上的横向力；P 为车轮作用于钢轨上的垂直力。

最大车辆轮重减载率值：机车、车辆轮对左右车轮，同一瞬间在左右钢轨上发生的最大 $\Delta P/\overline{P}$ 值。

$$\overline{P} = \frac{P_1 + P_2}{2} \qquad\qquad (7-10)$$

$$\Delta P = \left| \frac{P_1 - P_2}{2} \right| \qquad\qquad (7-11)$$

式中：P_1，P_2——实测左右轮重；

$\overline{P}$——减载和增载侧车轮的平均轮重；

ΔP——轮重减载量。

5. 谱分析

进行谱分析时，应合理选择时间窗函数，以减少泄漏。在桥梁试验的实际运用中可选择汉宁（Hanning）、哈明（Hamming）、凯塞–贝塞尔（Kaiser-Bessel）或其他合适的时间窗函数。

7.3.10　评定指标

《铁路桥梁检定规范》第 10.0.2 条指出，铁路桥梁运营性能检验有两种判别值：

（1）行车安全限值——保证列车以规定的速度安全通过，桥梁结构必须满足的限值指标。超过此值时，必须采取一定的确保安全的措施。

（2）通常值——桥梁在正常运用中的挠度或振幅实测值的上限、频率实测值的下限以及结构校验系数实测值的均值。铁路桥梁在运营过程中，如超过此值，应仔细检查桥梁结构是否存在隐藏的病害，同时调查列车曾否产生异常的激励（车辆装载偏心、车况不良等）。

7.3.11　结构技术状态的评定与试验报告

结构技术状态的评定应包括：①梁式桥跨竖向刚度评定。②梁式桥跨横向刚度评定。③墩台横向刚度评定。

试验报告应包括下列主要内容：①试验目的与要求。②试验桥梁概况。包括桥名，中心里程，试验孔跨，测试孔跨，测试孔跨的类型、图号，横隔板数量（有无预应力），支座类型，固定支座的方向，直曲线桥（曲线半径），单双线桥，钢轨类型，是否无缝线路，桥枕类型，填土厚度(从钢轨底到梁顶)、墩高、墩全高、地基土特征、基础类型(桩基础、扩大基础、沉井基础)、墩身形状、墩身横向平均宽度,测试日期,天气情况(气温、是否下雨、是否大风等),桥梁照片。③试验项目、试验方法、试验仪器设备和精度。④试验荷载、试验速度。⑤试验成果及其分析。⑥技术结构和建议。⑦图表部分。包括试验桥梁的平面与立面图、测点布置图与测试框图、特征数据的实测图形、特征数据的频谱分析图、模态振型图、其他有关成果图表等。

分析评定需注意:

(1)横向、竖向和扭转的自振频率和阻尼特性:可用环境振动法、自由振动衰减法、调频激振器共振法、激振模态分析法(后两者较难实施)测得,并进行不同方法的对比确认。频率分有载和无载自振频率。一般关心一阶频率,大跨度桥要考虑高阶频率和振型。竖向自振频率可以采用人跳击后的余振。

(2)跨中竖向挠跨比及动力系数:分析挠度动力系数与车型、行车速度的关系。注意扣除盆式橡胶支座的竖向位移和5 km/h标定时(准静态)的跨中挠跨比(换算至中-活载)。

(3)跨中横向振幅:分析跨中横向振幅与车型、行车速度的关系。空重混编货物列车试验分别给出重车部分和空车部分的跨中横向振幅最大值。根据谱分析给出的横向强振频率分析。主要用于信号是否失真(最大值处还需判断一个强振周期的频率)、是否发生横向共振。

(4)跨中竖向振幅:分析跨中竖向振幅与车型、行车速度的关系。根据谱分析给出的竖向强振频率分析。主要用于判断移动荷载效应是否引起桥梁共振。

(5)墩顶横向振幅:分析墩顶横向振幅与车型、行车速度的关系。

(6)支座横向位移:分析活动支座横向位移与车型、行车速度的关系。

(7)桥面横向加速度:处理横向加速度测试数据时,因《铁路桥梁检定规范》未明确滤波频率,暂按10 Hz(与车辆构架横向加速度一致)、40 Hz低通数字滤波计算。

(8)梁体动应力(不需判断强度):给出钢筋或混凝土的应力大小、应变动力系数。

(9)脱轨系数和轮重减载率:

①两根钢轨的横向力均向轨道内侧的数据不采用。

②注意钢轨横向力一定要一根轨向外、一根轨向内,并且按照向外的钢轨横向力计算脱轨系数。

③按照"机后第×位车的第×轴"的格式给出脱轨系数和轮重减载率,对于混编货物列车试验,注意写明是重车还是空车。

④分析脱轨系数、轮重减载率与车型、行车速度的关系。

(10)轨枕竖向加速度:不做数字滤波,但需要写明仪器的滤波频率。

(11)原始数据表:要注明测试日期、车次编号、试验车类型、行车方向、速度。

(12)报告采用的专业术语:应严格按照相关标准和规范,例如:动力系数、振幅、自振频率、环境微振动法、自由振动衰减法。

(13)精度:挠度、位移、振幅精确到0.01 mm,应变精确到0.01,应力精确到0.01 MPa,加速度精确到0.01g,频率精确到0.01 Hz,试验车速精确到0.1 km/h。

7.3.12　仪器使用

应变片应粘贴牢靠,方向正确,固定良好,绝缘度达到规定值。粘贴电阻丝应变片的构件部位要求平整,钢材光洁度要求▽5。在测试时,电阻丝应变片与构件间的粘贴层必须保证充分干燥有效,干燥程度可通过兆欧表测量构件的绝缘度来检验。绝缘度标准视片基材质和标距而异,其绝缘值应符合表 7-17 的规定。

表 7-17　应变片绝缘度标准

标距/mm	绝缘电阻/MΩ	
	纸基	树脂基
<20	≥500	≥1000
20~100	≥300	≥500
>100	≥200	≥300

测试时域波形基线应稳定在±5 $\mu\varepsilon$ 以内。

动态电阻应变仪(应力、挠度、位移)桥盒、主机应良好接地,使用的电缆要求屏蔽良好、粗度合适、内部不缠绕、外部不盘卷。

位移计须标定,安装方向须正确(垂直)。

振幅和频率传感器安装方向须正确(垂直、水平),且与被测结构良好接触,确保无相对位移。长期使用时底座可采用 914 胶固定,短期使用时可采用石膏、502 胶、704 胶、橡皮泥(注意胶的刚度)等固定。传感器量程应根据预计的结构物最大振幅和振动频率参数正确设定测量挡位,其最大量程和通频带应符合被测结构的振动特征,且从最小量程用起。

数据采集和分析系统应即时接地,采样频率 f_s 规定如下。

(1)行车试验:

当试验分析仅要求做时域分析时,可取 $f_s = 10 f_{max}$。

当试验分析仅要求做频域分析时,可取 $f_s = 4 f_{max}$。

当试验分析要求既做时域分析又做频域分析时,f_{max} 取信号频率的上限,f_s 为(8~10)f_{max}。

(2)环境微振试验(脉动试验):桥梁结构在环境扰动作用下(桥面无任何交通和人群荷载、桥址附近无规则振源),例如风荷载、地脉动、水流等的随机荷载,虽然引起结构振动的振幅微小且不规则,但脉动响应所包含的频率成分相当丰富(0~200 Hz),它不需要任何激振设备,也不受结构形式和大小的限制,可以用来确定结构物固有动力特性(自振频率和振型)。但结构自振频率大于 15 Hz 时很难识别。桥梁环境微振试验应选择场地环境最安静时刻进行,持续时间一般不短于 30 min,困难时不得少于 15 min,至少进行 2 次测试。

习题

1.铁路桥梁维修加固后技术评价的目的、方法和程序是什么？

2.铁路桥梁静载试验荷载等级如何确定？

3.铁路桥梁状态评估包括哪些内容？评估方法是什么？

4.动载试验如何确定动力系数？

5.试验报告包括哪些内容？

附　录

附录 A　重载铁路活载标准及相关参数

A.1　活载图式

2006 年铁道部科技司发布了《铁路桥梁活载标准的研究和科研成果评估意见》（铁科技函〔2006〕60 号），新的铁路桥梁活载图式被称为"中-活载（2005）"。本课题组通过研究，认为重载铁路采用"中-活载（2005）"中货运专线 ZH 荷载图式、荷载系数 $Z \leqslant 1.2$ 是适宜的，符合我国国情（图 A-1、图 A-2）。图 A-3~图 A-5 给出了轴重 30 t 车辆活载图式、轴重 33 t 车辆活载图式。研究表明，对于标准梁跨 24 m、32 m 梁，运营轴重 30 t 车辆活载，对应 $Z = 1.02$；运营轴重 33 t 车辆活载，对应 $Z = 1.1$。

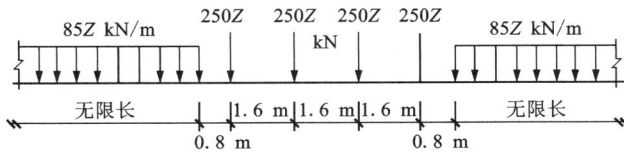

图 A-1　ZH 标准活载图式

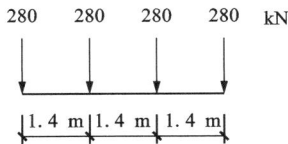

图 A-2　ZH 特种活载图式

C80车辆图式

注：图示单位为cm，轴重均为250 kN，车辆长度为12 m。

83.4 kN/m +重载单机+83.4 kN/m

250×6

注：图示单位为m，轴重均为250 kN。

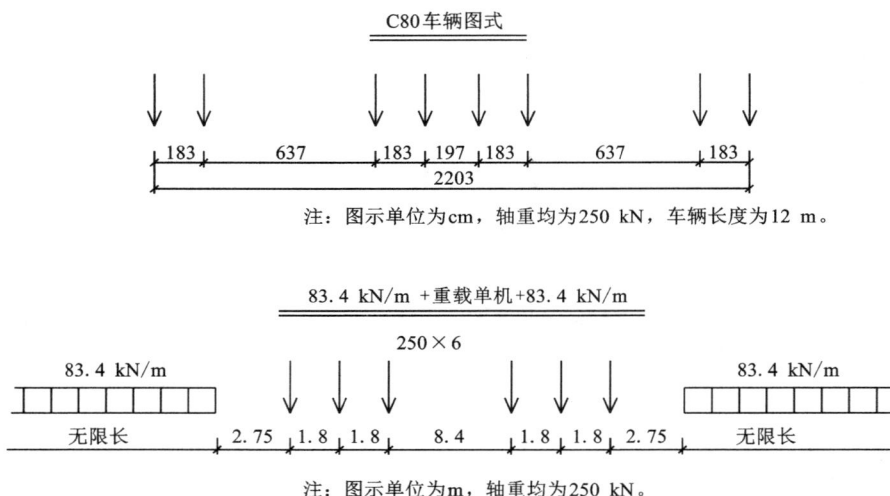

图 A-3　C80 车辆活载图式

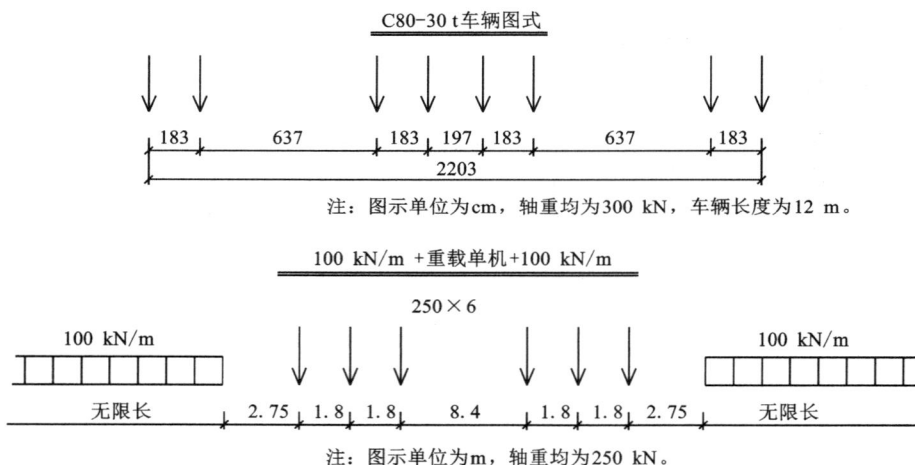

C80-30 t车辆图式

注：图示单位为cm，轴重均为300 kN，车辆长度为12 m。

100 kN/m +重载单机+100 kN/m

250×6

注：图示单位为m，轴重均为250 kN。

图 A-4　30 t 车辆活载图式

A.2　动力系数

由于国内缺乏大轴重重载铁路的实践经验，为了安全起见，建议动力系数采用苏联规范计算。对于钢筋混凝土铁路桥梁，动力系数为：

$$1 + u = 1 + \frac{10}{20 + \lambda}$$

但不得小于 1.15。

式中：λ 为加载长度，m。

C80-33 t车辆图式

注：图示单位为cm，轴重均为330 kN，车辆长度为12 m。

110 kN/m +重载单机+110 kN/m

250×6

注：图示单位为m，轴重均为330 kN，车辆长度为12 m。

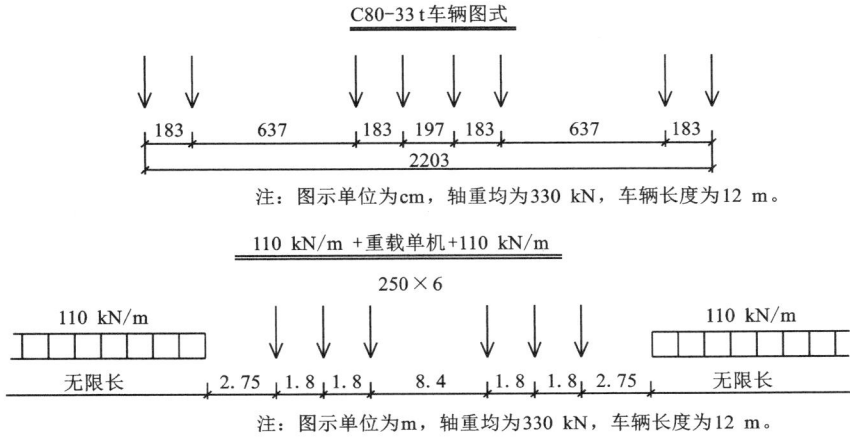

图 A-5 33 t 车辆活载图式

A.3 离心力系数

离心力仍采用《铁路桥涵设计规范》(TB 10002—2017)中的 4.3.10 条计算。

A.4 牵引力或制动力系数

设计铁路桥梁承受纵向荷载的设备时，应考虑牵引力或制动力较大者，它以分布荷载的形式并以荷载的重量的百分数 f 表示。

牵引力：当加载长度 $L \leqslant 40$ m 时，$f=15\%$；加载长度超过 40 m 后，牵引力不再增加。

制动力：$f=12.5\%$。

A.5 横向摇摆力

铁路重载横向摇摆力的计算原则仍然沿用中国规范；为安全计，横向摇摆力暂取 120 kN。

A.6 列车脱轨力

铁路重载关于列车脱轨荷载的计算，在现行规范基础上提高一定的安全储备。按推荐的荷载图式与中-活载图式中均布荷载的比值予以提高，即提高系数为 1.2 倍。

附录 B   铁路桥梁运营性能检验

（1）铁路桥梁应具有足够的竖向及横向刚度，保证列车以规定的速度通过时，桥梁结构不出现激烈振动、防止车轮脱轨以及保证客车过桥的舒适性。

（2）铁路桥梁运营性能检验有两个判别值：

①行车安全限值——保证列车以规定的速度安全通过，桥梁结构必须满足的限值指标。超过此值时，必须采取一定的确保安全的措施。

②通常值——桥梁在正常运用中的挠度或振幅实测值的上限、频率实测值的下限以及结构校验系数实测值的均值。铁路桥梁在运营过程中，如超过此值，应仔细检查桥梁结构是否存在隐藏的病害，同时调查列车曾是否产生异常的激励（车辆装载偏心、车况不良等）。

（3）当列车静活载（换算至"中-活载"）作用时，实测桥梁跨中竖向挠跨比通常值见表B-1。

表 B-1   竖向挠跨比通常值

梁别	结构类型		竖向挠跨比
钢梁	板梁	普通桥梁钢	1/1200
		低合金钢	1/950
	桁梁	普通桥梁钢	1/1500
		低合金钢	1/1250
钢筋混凝土梁	普通高度（$h/L=1/7\sim1/9$）		1/4000
	低高度（$h/L=1/13\sim1/15$）		1/1900
型钢混凝土梁			1/1250
预应力混凝土梁	普通高度（$h/L=1/11\sim1/13$）		1/1800
	低高度（$h/L=1/14\sim1/16$）		1/1300

注：h为梁高，m；L为跨度，m。

（4）采用橡胶支座的中小跨度钢筋混凝土或预应力混凝土桥梁，列车通过时，支座横向位移不应超过2 mm。

（5）桥跨结构横向刚度的校验标准：

①列车通过时，各类简支桥跨结构在荷载平面处跨中横向振幅行车安全限值$[A_{max}]_{5\%}$见表B-2。

表 B-2　桥跨结构横向振幅行车安全限值$[A_{max}]_{5\%}$

类别	结构类型			跨中横向振幅行车安全限值$[A_{max}]_{5\%}$/mm
钢梁	无桥面系的板梁或桁梁			$L/5500$
	有桥面系	板梁		$L/6000$
		桁梁	$L \leq 40$ m	$L/6500$
			40 m$<L\leq$96 m	$L/(75L+3500)$
钢筋混凝土梁、预应力混凝土梁				$L/9000$

注：L 为跨度，m。

②当列车通过时，桥跨结构在荷载平面的横向振动加速度 $\ddot{a}_{max}$ 不应超过 1.4 m/s²。

③客货列车正常运行时，各类简支梁桥跨结构在荷载平面处跨中最大横向振幅和最低横向自振频率的通常值见表 B-3。

表 B-3　桥梁结构横向刚度的通常值

类别	结构类型		货列重车实测跨中横向最大振幅通常值$[A_{max}]_{5\%}$/mm	客车实测跨中横向最大振幅通常值$[A_{max}]_{5\%}$/mm				实测横向最低自振频率通常值f/Hz
				$v \leq 120$ km/h		120 km/h $<v\leq$ 160 km/h	160 km/h $<v\leq$ 200 km/h	
			$v \leq 80$ km/h	有缝线路	无缝线路			
钢梁	无桥面系的板梁、桁梁	普通桥梁钢	$\leq \dfrac{L}{3.8B}$	$\leq \dfrac{L}{9.9B}$	$\leq \dfrac{L}{11.4B}$	$\leq \dfrac{L}{9.4B}$	$\leq \dfrac{L}{8.0B}$	$\geq \dfrac{100}{L}$
		低合金钢	$\leq \dfrac{L}{3.2B}$	$\leq \dfrac{L}{8.3B}$	$\leq \dfrac{L}{9.6B}$	$\leq \dfrac{L}{7.9B}$	$\leq \dfrac{L}{6.7B}$	$\geq \dfrac{90}{L}$
	有桥面系的板梁、桁梁	普通桥梁钢	$\leq \dfrac{L}{2.6B}$	$\leq \dfrac{L}{6.8B}$	$\leq \dfrac{L}{7.8B}$	$\leq \dfrac{L}{6.4B}$	$\leq \dfrac{L}{5.4B}$	$\geq \dfrac{100}{L}$
		低合金钢	$\leq \dfrac{L}{2.2B}$	$\leq \dfrac{L}{5.7B}$	$\leq \dfrac{L}{6.6B}$	$\leq \dfrac{L}{5.4B}$	$\leq \dfrac{L}{4.6B}$	$\geq \dfrac{90}{L}$
预应力混凝土梁			$\leq \dfrac{L}{7.0B}$	$\leq \dfrac{L}{18.2B}$	$\leq \dfrac{L}{20.9B}$	$\leq \dfrac{L}{17.2B}$	$\leq \dfrac{L}{14.7B}$	$\geq \dfrac{90}{L}$

注：L 为跨度，m。B 为钢梁时表示主梁中心距，m；为预应力混凝土梁时表示支座中心距，m。

（6）为了保证空载列车（或混编货车）通过时车轮抗脱轨的安全度，适应不同车速条件的桥跨结构横向自振频率 f 不宜小于表 B-4 中所列的值。

表 B-4　适应不同车速条件的桥跨结构横向自振频率 f 值

类别	结构类型			桥跨结构横向自振频率 f/Hz		
				$v \leqslant 60$ km/h	$v \leqslant 70$ km/h	$v \leqslant 80$ km/h
钢梁	无桥面系的板梁			$50/L^{0.8}$	$55/L^{0.8}$	$60/L^{0.8}$
	有桥面系	板梁		$45/L^{0.8}$	$52/L^{0.8}$	$55/L^{0.8}$
		桁梁	上承 $H/L=1/6$	$70/L^{0.8}$	$75/L^{0.8}$	$80/L^{0.8}$
			上承 $H/L=1/8$	$65/L^{0.8}$	$70/L^{0.8}$	$75/L^{0.8}$
			半穿	$48/L^{0.8}$	$55/L^{0.8}$	$60/L^{0.8}$
			穿式	$50/L^{0.8}$	$60/L^{0.8}$	$65/L^{0.8}$
	预应力混凝土梁			$40/L^{0.8}$	$50/L^{0.8}$	$55/L^{0.8}$

注：L 为跨度，m；H 为桁梁高，m。

（7）铁路桥梁墩顶横向振幅及桥墩横向自振频率通常值见表 B-5～表 B-7。

（8）各类桥梁结构按平面理论分析、桥道纵梁按简支计算时，其结构校验系数通常值一般符合表 B-8 的规定。当不符合时，应分析其原因。

表 B-5　墩顶横向振幅及桥墩横向自振频率通常值

墩身构成	墩身尺寸特征	基础与地基土		墩顶横向振幅 $[A_{max}]_{5\%}$/mm		横向自振频率 f/Hz
		基础类型	地基土	$v \leqslant 60$ km/h	$v > 60$ km/h	
混凝土或石砌墩身	低墩：$H_1/B < 2.5$	扩大基础	岩石	$\dfrac{H}{30}$	$\dfrac{H}{25}+0.1$	—
		沉井基础				
		桩基础		$\dfrac{H}{30}+0.2$	$\dfrac{H}{25}+0.4$	
		扩大基础	黏土或砂、砾			
	中高墩：$H_1/B \geqslant 2.5$	扩大基础	岩石	$\dfrac{H_1^2}{100B}+0.2$		$\geqslant \dfrac{24\sqrt{B}}{H_1}$
		沉井基础				
		桩基础		$\dfrac{(H+\Delta h)^2}{100B}+0.2$		$\geqslant \alpha_1 \dfrac{24\sqrt{B}}{H}$
		扩大基础	黏土或砂、砾	$\alpha_2\left(\dfrac{H_1^2}{100B}+0.2\right)$		$\geqslant \alpha_3 \dfrac{24\sqrt{B}}{H_1}$

注：H 为墩全高（自基底或桩承台底至墩顶），m；H_1 为墩高（自基顶或桩承台顶至墩顶），m；B 为墩身横向平均宽度，m。

表 B-6 α_1 及 Δh 值

计算项目	参数	地基土特征	车速	
			$v \leqslant 60$ km/h	$v > 60$ km/h
横向振幅	$\Delta h/m$	软塑黏土	1	2
		硬塑黏土、砂、砾	0	1
		嵌岩桩	0	1
自振频率	α_1	软塑黏土	0.8	
		硬塑黏土、砂、砾	0.9	
		嵌岩桩	1.0	

表 B-7 α_2 及 α_3 值

计算项目	参数	地基土特征	车速	
			$v \leqslant 60$ km/h	$v > 60$ km/h
横向振幅	α_2		1	1.15
自振频率	α_3	Ⅰ.砾石、粗砂	0.9	
		Ⅱ.硬塑黏土、中砂、细砂	0.8	

表 B-8 结构校验系数通常值

梁别	项目	结构校验系数
上承板梁	上翼缘应力	0.75~0.85
	下翼缘应力	0.85~0.95
	挠度	0.75~0.85
下承板梁	主梁上翼缘应力	0.90~0.95
	主梁下翼缘应力	0.75~0.80
	纵梁上翼缘应力	0.80~0.85
	横梁下翼缘应力	0.90~0.95
	挠度	0.70~0.80
上承桁梁	上弦应力	0.75~0.85
	下弦应力	0.85~0.95
	腹杆应力	0.90~0.95
	纵梁上翼缘应力	0.80~0.85
	横梁下翼缘应力	0.90~0.95
	挠度	0.75~0.85

续表B-8

梁别	项目	结构校验系数
下承桁梁	上弦应力	0.90~0.95
	下弦应力	0.70~0.80
	除吊杆外腹杆应力	0.90~0.95
	吊杆应力	0.95~1.00
	纵梁上翼缘应力	0.80~0.85
	横梁下翼缘应力	0.90~0.95
	挠度	0.70~0.80
钢筋混凝土梁	钢筋应力	0.55~0.65
	混凝土上翼缘应力	0.45~0.55
	挠度	0.55~0.65
预应力混凝土梁	钢丝应力	0.90~1.00
	混凝土翼缘应力	0.90~1.00
	挠度	0.70~0.80

由车辆活载或中-活载引起的跨中竖向挠度理论计算值可按《铁路桥梁鉴定规范》附录U推荐的公式或按相应的结构力学计算得出。

(9)各类梁拱和墩台在恒载作用下的裂缝宽度应符合表B-9的规定。

表 B-9　梁拱墩台恒载裂缝宽度限值

梁别	裂缝部位		裂缝宽度限值/mm
钢筋混凝土梁	主筋附近竖向裂缝		≤0.25
	腹板竖向裂缝		≤0.30
预应力混凝土梁	梁体	竖向裂缝	不允许
		纵向裂缝	≤0.20
	横隔板		≤0.30
石砌及混凝土拱	拱圈横向		≤0.30
	拱圈纵向		≤0.50
墩台	顶帽		≤0.30
	墩身	经常受侵蚀性环境水影响	有筋0.10；无筋0.20
		常年有水但无侵蚀性	有筋0.25；无筋0.35
		干沟或季节性有水河流	≤0.40
		有冻结作用部分	≤0.20

参考文献

［1］ 姚国文，吴海军，李世亚. 桥梁检测与加固技术［M］. 北京：人民交通出版社，2014.

［2］ 夏禾，杨永清，杨梦蛟. 铁路桥梁养护维修［M］. 北京：中国铁道出版社，2010.

［3］ 孙亚光. 体外预应力技术在重载铁路桥梁加固中的应用研究［D］. 长沙：中南大学，2014.

［4］ 国家铁路局. 铁路桥涵工程施工质量验收标准：TB 10415－2018［S］. 北京：中国铁道出版社，2018.

［5］ 中华人民共和国铁道部. 铁路桥梁检定规范：铁运函〔2004〕120 号［S］. 北京：中国铁道出版社，2004.

［6］ 中华人民共和国交通运输部. 公路桥梁加固设计规范：JTG/T J22—2008［S］. 北京：人民交通出版社，2008.

图书在版编目(CIP)数据

铁路桥梁维修与加固／郭风琪主编. --长沙：中
南大学出版社，2024.8.
　　ISBN 978-7-5487-5973-7

Ⅰ. U448.135.7

中国国家版本馆 CIP 数据核字第 2024CE8940 号

铁路桥梁维修与加固

郭风琪　　主编

□出 版 人	林绵优
□责任编辑	刘颖维
□封面设计	李月腾
□责任印制	唐　曦
□出版发行	中南大学出版社
	社址：长沙市麓山南路　　　　邮编：410083
	发行科电话：0731-88876770　　传真：0731-88710482
□印　　装	长沙印通印刷有限公司

□开　　本	787 mm×1092 mm　1/16	□印张 9　□字数 231 千字
□版　　次	2024 年 8 月第 1 版	□印次 2024 年 8 月第 1 次印刷
□书　　号	ISBN 978-7-5487-5973-7	
□定　　价	68.00 元	